T. AUBANEL

LA
MIOUGRANO
ENTREDUBERTO

(AVEC TRADUCTION LITTÉRALE EN REGARD)

AVIGNON
J. ROUMANILLE, ÉDITEUR
RUE SAINT AGRICOL

LEIPZIG — F. A. BROCKHAUS | PARIS — LIBRAIRIE NOUVELLE
POUR TOUTE L'ALLEMAGNE | BOULEVARD DES ITALIENS, 15

1860

L'OUVRAGE EST EN VENTE:

A Paris, chez Dezobry, E. Magdeleine et Cie, rue des Écoles, 78 ;
— chez Et. Giraud, rue St-Sulpice, 20 ;
— chez J. Tardieu, rue de Tournon, 15 ;
— chez Taride, rue Marengo, 2 ;
A Marseille, chez Boy (LIBRAIRIE PROVENÇALE), chez Chauffard, chez Camoin et chez Cruége ;
A Aix, chez Remondet-Aubin, chez Makaire et chez Sardat ;
A Toulon, chez Rumèbe ;
A Draguignan, chez Siéyès ;
A Arles, chez Serre ;
A Tarascon, chez A. Aubanel ;
A Carpentras, chez Oddou ;
A Nîmes, chez Giraud et chez Waton ;
A Montpellier, chez F. Seguin.

EN PRÉPARATION :

LA FARANDOULO

D'ANSÈUME MATHIÉU

(POÉSIES. — AVEC TRADUCTION LITTÉRALE EN REGARD.)

1 vol. grand in-18. — Prix : 3 fr. 50

LIS OUBRETO

DE

ROUMANILLE

(TOME II)

1 fort vol. in-18. — Prix : 3 fr. 50

(*Ce volume renfermera les œuvres en prose de l'auteur.*)

1860

LEIPZIG	AVIGNON	PARIS
F. A. BROCKHAUS	**J. Roumanille, éditeur**	LIBRAIRIE NOUVELLE
Pour toute l'Allemagne	Rue St-Agricol, 19	Boulevard des Italiens, 15

LA MIOUGRANO

ENTREDUBERTO

DE

TEODOR AUBANEL

I. LOU LIBRE DE L'AMOUR. — II. L'ENTRELUSIDO. — III. LOU LIBRE DE LA MORT.

(AVEC LA TRADUCTION LITTÉRALE EN REGARD)

Un volume grand in-12, papier teinté, (xx-324 pages.)
Prix : 3 fr. 50. — Par la poste : 4 fr.

Après *Mirèio* de Mistral, après *Lis Oubreto* de Roumanille, c'est la *Grenade entr'ouverte*, la *Mióugrano entreduberto*, ce livre de l'amour, ce livre de la mort, partagés par le livre de la vie, qui a beaucoup d'ombre pour peu de lumière. Entre l'amour et la mort, entre le rêve et la tombe, il y a des éclaircies, comme ces pans de ciel qu'on voit briller dans certaines nuits, entre l'orient où s'enflamma le matin, et la partie opposée de l'horizon couverte de ténèbres, et comme veuve et en deuil de l'astre qui s'y est couché la veille.

Lou Libre de l'amour, *l'Entrelusido*, *lou Libre de la mort*, telles sont les trois parties du recueil. Cette division est logique. *Le Livre de l'amour* commence les pages : en effet, la jeunesse, c'est la suave galanterie; la jeunesse ouvre la marche et imprime l'entrain dans un livre comme dans une fête. Là sont les rubis de la *Grenade*, les pierres précieuses de l'écrin. *Le Livre de la mort* ferme le cortége, naguère triomphal et maintenant lugubre. C'est tout simple et tout naturel. Mais entre l'amour, représenté ici par une passion chaste et fidèle, et le livre de la mort, qui évoque de funèbres mémoires ; entre ces deux pôles de l'existence terrestre, entre ces deux grands troubles de naître et de mourir, je dirais presque entre ces deux nuages, il y a un milieu plus défini et plus calme : il y a une *entrelusido*, une échappée de soleil, qui est la vie réelle avec ses labeurs et ses joies, ses longues peines et ses rapides plaisirs. Cette lueur intermédiaire est faite pour reposer le lecteur fatigué des tourments du cœur et effrayé de la vue du cimetière; de sorte qu'il passe moins brusquement des amertumes de l'amour aux angoisses de la mort. Cet intermède nécessaire à tout drame, — et la vie n'est-elle pas un drame, sans métaphore ? — comprend des pièces telles que le tableau champêtre des *Faucheurs*, le Noël lyrique des *Esclaves*, telles que les *Jumeaux*, strophes où règne le bon sens rassis de la femme d'un pêcheur, toute contente de sa nombreuse famille et pleine de confiance en Dieu.

« Comme fait la grenade au soleil qui la mùrit, mon cœur s'est ouvert ; et ne pouvant trouver plus tendre langage, il s'est répandu en pleurs : » telle est l'épigraphe du livre, et c'en est le résumé, la pensée fondamentale, et comme l'expression concentrée. Le poète a pleuré : c'était je ne sais quel trop-plein de son âme ; le secret de ses larmes est le secret de sa poésie. Et c'est ce débord du cœur, cette plainte, ces tourments de l'amour semblable à une flèche acérée, que Théodore Aubanel, à la prière de ses amis, publie sous le joli titre de *Grenade entr'ouverte*.

Ce livre est né de lui-même ; c'est un chant sincère, c'est une flamme vivace, c'est l'émotion des larmes qui est à côté de la force des sentiments. Par intervalles, à côté de la plainte mélancolique s'élève la voix sombre et puissante du poète qui a été connu d'abord par ses inspirations réalistes et terribles, témoin *le neuf Thermidor*. Mais dans ce recueil, il nous montre que, sous la vigueur du tempérament, peut vivre une âme sensible qui s'attendrit et nous attendrit. Il arrive dans la même pièce qu'on voit se côtoyer, se mêler, se suivre, s'entrelacer ces deux veines si diverses du talent d'Aubanel : la douceur aimante et la farouche énergie. La *Faim de l'amour* rappelle tout à fait ses débuts poétiques ; elle est dans le ton et la couleur du *Massacre des Innocents*. Il y a deux cordes vibrantes à sa lyre : elles sont tour-à-tour émues, l'une par le souffle d'une imagination emportée, douée de force plastique et qui penche aux images accentuées et se tourne vers les scènes hideuses ; et l'autre, par le souffle d'une passion tendre, ou d'un triste et fatal souvenir. L'instrument résonne alors comme la harpe éolienne sous la brise d'Asie.

Victor Duret.

J. Roumanille, libraire à Avignon, fera parvenir sans frais la Miougrano entreduberto à toute personne qui lui en adressera franco le montant (4 fr.) en un mandat sur la poste, ou en timbres-poste.

L'OUVRAGE SE TROUVE AUSSI :

A Paris, chez Dezobry, E. Magdeleine et Cie, rue des Écoles, 78 ;
— chez Et. Giraud, rue St-Sulpice, 20 ;
— chez J. Tardieu, rue de Tournon, 15 ;
— chez Taride, rue Marengo, 2 ;
A Marseille, chez Boy (Librairie Provençale), chez Chauffard, chez Camoin et chez Cruége ;
A Aix, chez Remondet-Aubin, chez Makaire et chez Sardat ;
A Toulon, chez Rumèbe ;
A Draguignan, chez Siéyès ;
A Arles, chez Serre ;
A Tarascon, chez A. Aubanel ;
A Carpentras, chez Oddou ;
A Nîmes, chez Giraud et chez Waton ;
A Montpellier, chez F. Seguin.

EN PRÉPARATION :

LA FARANDOULO
D'ANSÈUME MATHIÉU

(POÉSIES. — AVEC TRADUCTION LITTÉRALE EN REGARD.)

EN VENTE :

MIRÈIO, poème provençal, par F. Mistral, 2me édition in-18, 3 fr. 50 ; par la poste 4 fr.

LIS OUBRETO, poésies complètes, par Roumanille, jolie édition in-18 (vii-360 pages), 3 fr. 50 ; par la poste 4 fr.

ARMANA PROUVENÇAU pèr 1860, 50 c. ; par la poste 60 c.

LA MIOUGRANO

ENTREDUBERTO

Droits de traduction et de reproduction réservés. — Le dépôt légal a été fait le 25 mai 1860.

TEODOR AUBANÈU

LA

MIOUGRANO

ENTREDUBERTO

AVIGNOUN

J. ROUMANIHO, LIBRAIRE-EDITOUR

M DCCC LX

THÉODORE AUBANEL

LA

GRENADE

ENTR'OUVERTE

AVIGNON

J. ROUMANILLE, LIBRAIRE-ÉDITEUR

M DCCC LX

AVANS-PREPAUS

AVANS-PREPAUS

I

Lou mióugranié, de sa naturo, es souvagèu mai que lis àutris aubre. Amo de crèisse dins li clapeirolo, au raje dóu soulèu, e liuen dis ome e près de Diéu. Aqui, soulet coume un ermito, à l'uscle de l'estiéu, espandis d'escoundoun si flour sanguinello. L'amour e lou soulèu fegoundon l'espandido : dins li calice rouge se coungreion milo grano de courau, milo poulìdi sorre, tóuti couchado ensèn souto la memo cuberto.

AVANT-PROPOS

I

Le grenadier, de sa nature, est plus sauvage que les autres arbres. Il aime à croître dans les cailloux amoncelés, aux lieux où rayonne le soleil, et loin des hommes et près de Dieu. Là, seul comme un ermite, au hâle de l'été, il épanouit en cachette ses fleurs sanglantes. L'amour et le soleil fécondent l'épanouissement : dans les calices rouges se créent spontanément mille graines de corail, mille jolies sœurs, couchées toutes ensemble sous la même couverture.

La mióugrano boudenflo tèn rejuncho tant que pòu souto sa rusco si bèlli grano rouginello, si bèlli chato vergougnouso. Mai lis aucèu de la garrigo vènon au mióugranié : De-que vos faire de ti grano ?... Tout-aro vèn l'autouno, tout-aro vèn l'ivèr, que van nous courseja de-la-man-d'eilà di colo, de-la-man-d'eilà di mar... Vos dounc que fugue di, o mióuganié sóuvage, que quiten la Prouvènço, sènso vèire espeli ti bèlli grano de courau, sèns vèire naseja ti bèlli chato vergougnouso ?

Alor lou mióuganié, pèr countenta l'envejo dis auceloun de la garrigo, entreduerb la mióugrano plan-planet : li milo grano vermeialo trelusisson au soulèu ; li milo chato crentouseto, emé si bèlli gauto roso, meton la tèsto au fenestroun ; e li couquin d'aucèu vènon à vòu, e se regalon à plesi di bòni grano de courau ; li couquin d'amourous devourisson de poutoun li bèlli chato vergougnouso.

II

Teodor Aubanèu — e dirés coume iéu, quand aurés legi soun libre — es un mióuganié sóuvage. Lou publi prouvençau, en quau si proumiéri trobo avien tant agrada, coumençavo de se dire : Mai, que fai noste Aubanèu, que l'entendèn plus canta ?

Aubanèu cantavo d'escoundoun. L'amour, aquelo divino abiho que fai de mèu tant dous, quand la sesoun e lou rode

La grenade gonflée tient renfermées, tant qu'elle peut, sous son écorce ses belles graines roses, ses belles filles pudibondes. Mais les oiseaux de la lande disent au grenadier : Que veux-tu faire de tes graines ?... Tout à l'heure vient l'automne, tout à l'heure vient l'hiver, qui vont nous chasser au delà des collines, au delà des mers... Veux-tu donc qu'il soit dit, ô grenadier sauvage, que nous quittions la Provence sans voir éclore tes belles graines de corail, sans voir poindre le nez de tes belles filles pudibondes ?

Alors le grenadier, pour contenter l'envie des oisillons de la lande, entr'ouvre la grenade lentement : les mille graines vermeilles brillent au soleil ; les mille fillettes craintives, avec leurs belles joues roses, mettent la tête à la fenêtre ; et les fripons d'oiseaux accourent à volées, et se régalent à cœur-joie des bonnes graines de corail ; les fripons d'amoureux dévorent de baisers les belles filles pudibondes.

II

Théodore Aubanel — et vous direz comme moi, quand vous aurez lu son livre — est un grenadier sauvage. Le public provençal, à qui avaient tant plu ses premières poésies, commençait à se dire : Que fait donc notre Aubanel, que nous n'entendons plus chanter ?

Aubanel chantait en cachette. L'amour, cette divine abeille qui fait du miel si doux, quand la saison et le lieu ie counvènon, e que, se quaucarèn la countrario, fai de tant fòrti pougnesoun, l'amour avié tanca dins soun cor un dardaioun terrible, despietadous. La passioun malurouso de noste paure ami èro sènso esperanço, la malautié sènso remèdi : l'amigo de soun cor, la chatouno entrevisto dins lou clarun de sa jouinesso, ai! s'èro facho mourgo.

Lou bon jouvènt plourè sèt an sa bono amigo; emai se n'es pancaro counsoula!

Pèr se leva dóu front aquéu lourdige que lou coumbourissié, partiguè d'Avignoun à la bello cisservo. Veguè Roumo, veguè Paris; emé l'espaso dins lou flanc, tournè mai en Prouvènço; barrulè li mountagno, la Santo-Baumo, lou Ventour, lis Aupo e lis Aupiho... Mai la roso èro espóussado, restavo plus que lis espino, e rèn poudié li derraba.

III

Soulamen, lou regounfle de soun amour, de liuen en liuen, gisclavo en un desbord de pouesio. Avié pres pèr deviso :

Quau canto,
Soun mau encanto.

E chasco fes que lou regrèt ie trasié 'no lancejado, lou paure drole trasié 'no plagnitudo.

Es aquéli plagnitudo, aquélis espouncho d'amour que, sus nosto preièro de nàutri sis ami, de nàutri lis aucèu de lui conviennent, et qui, si quelque chose la contrarie, fait des piqûres si violentes, l'amour avait plongé dans son cœur un aiguillon terrible, impitoyable. La malheureuse passion de notre ami était sans espérance, la maladie sans remède : l'amie de son cœur, la jeune fille entrevue dans le ciel clair de sa jeunesse, hélas ! s'était faite nonne.

Le bon jeune homme pleura sept ans sa bien-aimée ; et il ne s'en est pas encore consolé !

Pour ôter de son front ce vertige qui le consumait, il partit d'Avignon à la garde de Dieu. Il vit Rome, il vit Paris ; avec l'épée au flanc, il revint en Provence ; il parcourut les montagnes, la Sainte-Baume, le Ventour, les Alpes et les Alpilles... Mais la rose était effeuillée, il ne restait plus que les épines, et rien ne pouvait les arracher.

III

Seulement le trop-plein de son amour jaillissait, de loin en loin, en un débordement de poésie. Il avait pris pour devise :

Qui chante,
Son mal enchante.

Et chaque fois que le regret lui poussait un coup de lance, le pauvre enfant poussait une plainte.

Ce sont ces plaintes, ces jets poignants d'amour, qu'à notre prière, de nous ses amis, de nous les oiseaux de

la garrigo, Teodor Aubanèu counsènt à publica souto lou galant titre de *Libre de l'Amour*.

Lou *Libre de l'Amour*, causo mai-que-mai raro, es dounc un cant de bono fe, uno flamado vertadiero. L'istòri, vène de vous la dire, es touto simplo : es un jouvènt que amo, que se languis de soun amigo, que reboulis, que plouro, que se plan au bon Diéu. Tenènt aquelo istòri pèr sacrado, l'autour i' a rèn vougu touca : tout es aqui coume es vengu, e tant-miéus ! car de soun amour vierge, de sa languisoun, de soun reboulimen, de si lagremo, emé de si plagnun, n'a sourti simplamen e naturalamen un libre de naturo, jouine, vivènt e delicious.

IV

S'avès passa, au mes d'abriéu, de-long di bouissounado, devès counèisse la sentour de l'aubespin : es douço emai amaro.

S'avès, au coumençamen de Mai, pres lou fres à la vesprado, souto lis aubre verdoulet, devès counèisse lou canta dóu roussignòu : es clar e viéu, apassiouna e caste, e fort e pietadous.

S'en passant, au mes de jun, souto li bàrri d'Avignoun, avès agu vist coucha lou soulèu, devès counèisse lou trelus dóu Rose souto lou pont antique de Sant Beneset :

la lande, Théodore Aubanel se décide à publier sous le charmant titre de *Livre de l'Amour*.

Le *Livre de l'Amour*, chose extrêmement rare, est donc un chant de bonne foi, une flamme vraie. L'histoire, je viens de vous la dire, elle est toute simple : c'est un jeune homme qui aime, qui, loin de son amante, languit d'ennui, qui souffre, qui pleure, qui se plaint au bon Dieu. Tenant cette histoire pour sacrée, l'auteur n'y a voulu toucher en rien ; tout est là comme c'est venu, et tant mieux ! car de son amour vierge, de son langoureux ennui, de sa souffrance, de ses larmes, et de ses plaintes, est sorti simplement et naturellement un livre de nature, jeune, vivant, et délicieux.

IV

Si vous avez passé, au mois d'avril, le long des haies vives, vous devez connaître la senteur de l'aubépine : elle est douce et amère tout ensemble.

Si vous avez, au commencement de mai, pris le frais, vers le soir, sous les arbres verdelets, vous devez connaître le chant du rossignol : il est clair et vif, passionné et chaste, et puissant et plaintif.

Si, passant au mois de juin sous les remparts d'Avignon vous avez vu coucher le soleil, vous devez connaître la splendeur du Rhône sous le pont antique de Saint Bénézet :

sèmblo un mantèu de prince, tout rouge e resplendènt, tout estrassa de cop de lanço, e que floutejo, e que flamejo...

Lou *Libre de l'Amour*, pode pas miéus lou coumpara. E noun creiriéu m'aventura de forço en afourtissènt que, gràci à-n-éu, li grano de courau de la *Miougrano entre-duberto* devendran en Prouvènço lou capelet dis amourous.

V

Après lou *Libre de l'Amour* vèn l'*Entrelusido*.

E se coumpren : agués uno sebisso de rousié, de plumachié o bèn de nerto ; sara bèn tal asard se noun ie sort entre-mitan quàuqui sagato d'agrenas, de pandecousto, o de prouvençalo ; e regardas la mar, quand lou mistrau l'estroupo, la fouito e la tourmento, veirés toujour entre lis erso mountagnouso, quauque risènt que lou soulèu se ie miraio.

Ansin entre li cant d'amour, entre li cant apassiouna de Teodor Aubanèu, i' a proun agu si cant de pas, e de soulas e de divertissènço. Ansin, dins'la tempèsto de soun cor, i' a proun agu sa pichouneto *entrelusido*.

Verai, courto es l'entrelusido. Mai tant mai pouderouso èro l'estaco, tant mai la deliéurado es vigourouso. Es routo la cadeno ; o dóu mens lou jouvènt lou crèi, lou crèi un moumenet : e velaqui ! Emé quento afecioun on dirait un manteau de prince, rouge et resplendissant, tout déchiré de coups de lances, et qui flotte, et qui flambe...

Je ne puis mieux comparer le *Livre de l'Amour*. Et je ne croirais pas m'aventurer beaucoup en affirmant que, grâce à lui, les graines de corail de la *Grenade entr'ouverte* deviendront en Provence le chapelet des amants.

V

Après le *Livre de l'Amour* vient l'*Entre-lueur*.

Et on comprend cela : ayez une haie de rosiers, de lilas ou de myrtes ; ce sera bien grand hasard s'il n'y sort à travers quelques surgeons de prunellier, de chèvre-feuille ou de pervenche ; et regardez la mer, quand le mistral la trousse, la fouette et la tourmente, vous verrez toujours entre les vagues montueuses quelque clapotis rieur où le soleil se mire.

Ainsi, entre les chants d'amour, entre les chants passionnés de Théodore Aubanel y a-t-il eu encore ses chants de paix, de consolation et de plaisir. Ainsi dans la tempête de son cœur y a-t-il eu encore sa petite *entre-lueur*.

En vérité, courte est l'entre-lueur. Mais d'autant plus puissante était l'attache, d'autant plus vigoureuse est l'échappée. La chaîne est brisée ; ou du moins le jeune homme le croit, le croit un instant : et voyez-le ! Avec quelle ardeur s'amourro i fresqui font de la naturo tranquilasso! Béu lou soulèu coume un limbert; l'alen siau de la fourèst ie fai aussa la narro; se canto li segaire, sèmblo que tèn la daio en man; se canto li pescaire, sèmblo que mando lou fielat; e se canto li noço, es trefouli, dirias d'avis qu'es éu lou nòvi.

VI

Mai di chavano l'esclargissun es passagié; e lou treboulun dóu cor adus mai-que-d'un-cop l'oumbrun dins l'amo.

Quand Rimbaud de Vaqueiras èro tant afouga de Beatris, la sorre dóu marqués Bonifàci de Mountferrat, e que n'ausavo pas ie dire, veici la cansoun que faguè, en desesperanço d'amour:

> No m'agrad' iverus ni pascors,
> Ni clar tèms, ni folh de garrics;
> Car mos enans mi par destrics,
> E totz mièi majer gautz dolors;
> E son maltrach tut mièi lezèr
> E desesperat mièi espèr;
> Qu'aissi m' sol amor e domnèis
> Tener gai coma l'aiga l' pèis:
> E pois d'amdui me soi partitz,
> Com hom eissilhatz e marritz,
> Tot' autra vida m' sèmbla mortz,
> E tot autre joi desconortz.

Aubanèu d'Avignoun poudié bèn dire ansin. Quand la bruno Zani, coume la nèu tendrino e vierginenco de la colo que s'esvalis à la caudo alenado di bèu jour, quand Zani la brunello aguè fugi Avignoun, fugi, paurouso, l'alen il s'abreuve aux fraîches sources de la majestueuse et calme nature! Il boit le soleil comme un lézard ; l'haleine suave de la forêt fait dresser sa narine ; chante-t-il les faucheurs ? il semble tenir la faux en main ; chante-t-il les pêcheurs ? il semble jeter lui-même le filet, et s'il chante les noces, il tressaille de joie, on dirait que lui-même est le fiancé.

VI

Mais des orages l'éclaircie est passagère ; et le trouble du cœur amène plus d'une fois l'ombre dans l'âme.

Quand Raimbaud de Vacqueiras était si ardemment épris de Béatrix, la sœur du marquis Boniface de Montferrat, et qu'il n'osait le lui dire, voici la chanson qu'il fit, en désespoir d'amour.

Ne me plaît hiver ni temps de Pâques — ni ciel clair ni feuille de chêne ; — car mon succès me paraît traverse, — et toutes mes plus grandes joies douleurs ; — et sont souffrants tous mes loisirs — et désespérés mes espoirs ; — de coutume amour et galanterie — me tiennent gai comme l'eau le poisson : — et depuis que l'un de l'autre sommes séparés, — comme à homme exilé et misérable, — tout autre vie me semble mort, — et tout autre joie désolation.

Ainsi pouvait bien dire Aubanel d'Avignon. Quand la brune Zani, comme la neige tendre et virginale de la colline qui disparait à la chaude haleine des beaux jours, quand Zani la *brunelle* eût fui Avignon, fui, peureuse, l'haleine

brulant de soun felibre, siegue pèr soun felibre un mourimen de cor. E d'aro-en-lai, se lou voulès saupre, touto clarta ie semblè nèblo, malancounié touto alegranço, e touto vido mort. E vaqui coume vai que coumpausè, dins la sournuro de soun amo, lagremo à cha lagremo, lou *Libre de la Mort*. Li sèt doulour amaro soun aqui, li sèt coutèu de la Pieta traucon aquéli pajo. Tout ce que soufre èi soun ami, tout ce qu'es causo de soufrènço èi soun glàri mourtau. E talamen pougnènt, talamen aspre e viéu soun li tablèu que pinto, que veritablamen dirias avis que lou felibre, desmaienca de soun amour, a vougu se venja de soun injuste sort, en bacelant tóuti lis estrumen dóu sort injuste, tóuti li tirannio d'aquest mounde.

VII

N'en vaqui proun pèr esplica l'encauso e la divisioun d'aquest voulume. Me siéu pas mes sus la porto pèr crida: venès vèire! ni pèr vanta ce que parlo d'esperéu. E pièi, se saup que li felibre sian ni d'or ni d'argènt, poudèn pas plaire en tóuti.

Ai vougu soulamen ensigna lou camin de l'aubre à-n-aquéli que podon avé set.

FREDERI MISTRAL.

Maiano (Bouco-dòu-Rose). — Pèr sant Gènt, lou 16 de Mai 1860.

brûlante de son poète, ce fut pour son poète une défaillance de cœur. Et désormais, si vous voulez le savoir, toute clarté lui sembla brume, mélancolie toute allégresse, et toute vie mort. Et voilà comment il composa, dans l'assombrissement de son âme, et larme à larme, le *Livre de la Mort*. Les sept douleurs amères sont là, les sept glaives de la Pitié percent ces pages. Tout ce qui souffre est son ami, tout ce qui est cause de souffrance est son horreur mortelle. Et tellement mordants, tellement âpres et vifs sont les tableaux qu'il peint, qu'on dirait vraiment que le poète, violemment sevré de son amour (ainsi qu'un arbre auquel sont arrachées ses pousses printanières), a voulu se venger de son injuste sort en flagellant tous les instruments du sort inique, toutes les tyrannies de ce monde.

VII

En voilà assez pour expliquer le motif et la division de ce volume. Ce n'est pas pour crier : venez voir ! que je me suis mis sur la porte, ni pour vanter ce qui parle par soi-même. D'ailleurs, on sait que nous, poètes, ne sommes ni d'or ni d'argent, nous ne pouvons plaire à tous.

J'ai voulu seulement indiquer le chemin de l'arbre à ceux qui peuvent avoir soif.

I

LOU LIBRE DE L'AMOUR

Coume fai la mióugrano au rai que l'amaduro,
Moun cor se durbiguè,
E noun poudènt trouva plus tèndro parladuro,
En plour s'espandiguè.

F. MISTRAL.

LE LIVRE DE L'AMOUR

> Comme fait la grenade au rayon qui la mûrit, mon cœur s'est ouvert, et, ne pouvant trouver plus tendre langage, en pleurs s'est répandu.
>
> F. MISTRAL.

I

> S'iéu dic pauc, ins èl cor me sta.
> ARNAUD DANIEL.

Ai lou cor bèn malaut, malaut à n'en mouri;
Ai lou cor bèn malaut, e vole pas gari.

I

> Si je dis peu, le reste est dans mon cœur.
> ARNAUD DANIEL.

J'ai le cœur bien malade, malade à en mourir ; j'ai le cœur bien malade, et ne veux pas être guéri.

II

> E membre vos qual fo l' comensamens
> De nostr' amor !
> La Coumtesso de Dìo.

Alor, n'avès garda memòri,
D'aquéu jour que, long dóu camin,
Fasias, davans un ouratòri,
Vosto preièro dóu matin ;

Preièro douço, tèndro, antico !
Iéu, peraqui, d'asard vengu,
En entendènt lou bèu cantico,
M'ère arresta, tout esmougu.

II

> Et qu'il vous souvienne quel fut le
> commencement de notre amour !
> La Comtesse de Die.

Vous avez donc gardé souvenance du jour où, au bord du chemin, vous faisiez, devant un oratoire, votre prière du matin ;

Prière douce, tendre, antique ! Moi, par là, venu d'aventure, en entendant le beau cantique, je m'étais arrêté, tout ému.

Èro eilà, souto lou vièi sause
Que béu lis aigo dóu pesquié.....
Me semblo encaro que vous ause :
— Bello Crous, vosto voues disié,

   O pèiro sacrado,
   Bello, bello Crous,
   Fugués ounourado
   De tóuti li flous.

   Jesu-Crist escouto
   Lou roussignoulet,
   E soun sang degouto
   Coume un raioulet.

   Franc de purgatòri,
   O sant Crucifis,
   Baio-nous la glòri
   De toun paradis !

E vòstis Ouro aqui fenido,
M'avance, e vous dise, crentous :
Vosto paraulo es benesido !
Iéu vole prega coume vous.

E vous tant gènto, e vous rèn fièro,
Madamisello, quatecant
M'avès douna vosto preièro
Coume l'aucèu douno soun cant.

C'était là-bas, sous le vieux saule qui boit les eaux du vivier.... Il me semble vous entendre encore : — Belle Croix, votre voix disait,

> O pierre sacrée,
> Belle, belle Croix,
> Soyez honorée
> Par les fleurs des bois.
>
> Jésus-Christ écoute
> Le rossignolet,
> Et son sang dégoutte
> Comme un ruisselet.
>
> Saufs du purgatoire,
> O saint Crucifix,
> Donne-nous la gloire
> De ton paradis!

Et là, votre prière terminée, je m'avance et vous dis, craintif : Votre parole est bénie! Je veux prier comme vous.

Et vous toute gentille, et vous nullement fière, mademoiselle, aussitôt vous m'avez donné votre prière comme l'oiseau donne son chant.

Vosto preièro, ah ! coume es bello !
Avien la fe, dins l'encian tèm !
Quand la dise, madamisello,
Iéu sounje à vous, e siéu countènt.

Vaqui pamens vosto escrituro !
Sus aquéu poulit papié blanc,
Vosto man, qu'es pas bèn seguro
Mounto e davalo en tremoulant.

La relegisse, quand siéu triste ;
La tène dins moun tiradou,
Emé ce qu'ai de mai requiste,
Emé li letro de Rebou ;

Contro uno flour touto passido,
Pichoto flour qu'aquest estiéu,
A Font-Clareto avès culido,
Uno flour culido pèr iéu !

Iéu qu'ai tant crento emé li chato,
Ai ges de crento davans vous ;
E tout moun cor se desacato,
A voste rire amistadous.

Tenès, vous dirai tout : pecaire !
Aquelo flour, aquéu papié,
Madamisello, acò 's pas gaire,
E pèr iéu i'a rèn de parié !

Votre prière, oh! qu'elle est belle! Ils avaient la foi, au temps passé! Quand je la dis, mademoiselle, je songe à vous, et suis content.

Voilà pourtant votre écriture! Sur ce joli papier blanc, votre main, qui n'est pas bien assurée, monte et descend, tremblante.

Je la relis, quand je suis triste; je la tiens dans mon tiroir, avec ce que j'ai de plus rare, avec les lettres de Reboul;

Contre une fleur toute fanée, petite fleur que, cet été, vous avez cueillie à Font-Clarette, une fleur cueillie pour moi!

Moi si timide avec les jeunes filles, je ne suis point timide devant vous, et tout mon cœur se découvre, à votre sourire amical.

Tenez, je vous dirai tout: hélas! cette fleur, ce papier, mademoiselle, c'est peu de chose, et pour moi il n'est rien de pareil!

III

> E poiras li dir
> Qu'iéu mor de desir.
> Gaucelm Faidit.

Ah! se moun cor avié d'alo,
Sus toun còu, sus toun espalo,
Voularié tout en coumbour,
O mignoto! à toun auriho
Te dirié de mereviho,
De mereviho d'amour.

III

> Et tu pourras lui dire
> que je meurs de désir.
> GAUCELM FAIDIT.

Ah! si mon cœur avait des ailes, sur ton cou, sur ton épaule, il volerait tout en feu! à ton oreille, ô mignonne, il te dirait des merveilles, des merveilles d'amour.

Ah ! se moun cor avié d'alo,
Dessus ti bouqueto palo
Voularié coume un perdu ;
Moun cor te farié, chatouno,
Cènt poutoun e cènt poutouno ;
Parlarié, parlarié plu !

Pieta ! moun cor n'a ges d'alo !
Lou làngui, la fre lou jalo :
Tè ! lou vaqui sus ma man ;
Pren-lou dins la tiéuno, o bello !
Coume un agnèu moun cor bèlo,
E plouro coume un enfant.

Ah ! si mon cœur avait des ailes, sur tes lèvres pâles, il volerait éperdu ; mon cœur, ô jeune fille, te ferait cent baisers et cent caresses ; il parlerait, il ne parlerait plus !

Pitié ! mon cœur n'a point d'ailes ! le froid, l'ennui langoureux le glace : tiens ! le voilà sur ma main ; prends-le, ô belle, dans la tienne ! Comme un agneau mon cœur bêle, et il pleure comme un enfant.

IV

> Mas de gentil castelana,
> Bèn fait' ab color de grana,
> Am mais la bon' esperansa.
>
> Pèire Vidal.

En tòuti sabès dire
Quaucarèn de pouli ;
Avès un tant bon rire,
Un tant dous parauli !

E peréu aman li vihado
Mounte venès cacaleja,
Mounte venès risouleja,
O gènto, o douço, o grando fado !

IV

> Mais de gentille châtelaine, bien faite, avec couleur de grenade, je préfère la bonne espérance.
>
> Pierre Vidal.

A tous vous savez dire quelque chose de charmant ; vous avez le rire si bon, la causerie si douce !

Aussi aimons-nous les veillées où vous venez babiller, où vous venez sourire, ô gentille, ô douce, ô grande fée !

Aquesto vido alasso, e n'i' a que soun bèn las !
　　　Que lou bon Diéu vous acoumpagne
Pertout mounte se plouro ! auran lèu de soulas,
　　　Car amas tout ce qu'èi de plagne :
Li vièi, li pàuri vièi tout gibla, touti blanc ;
Li gènt qu'an dóu malur, li gènt qu'an ges de pan ;
　　　Lis enfantoun qu'an ges de maire,
　　　Li maire que n'an plus d'enfant.
Segur, de vosto bouco èi brave d'èstre plan ;
　　　Sabès tant bèn dire : — Pecaire !

E iéu, tène d'à ment lou tremount dóu soulèu.

Emé soun jougne prim e sa raubo de lano
　　　Coulour de la mióugrano,
Emé soun front tant lisc e si grands iue tant bèu,
Emé si long péu negre e sa caro brunello,
Tout-aro la veirai, la douço vierginello,
Que me dira : — Bon vèspre ! — O Zani, venès lèu !

　　　Venès lèu ! aman li vihado
　　　Mounte venès cacaleja,
　　　Mounte venès risouleja,
　　　O gènto, o douço, o grando fado !

La vie est accablante, et il en est qui sont bien las ! Que le bon Dieu vous accompagne partout où l'on pleure ! ils seront bientôt consolés, car vous aimez tous ceux qui sont à plaindre : les vieillards, les pauvres vieillards tout courbés et tout blancs ; ceux qui sont dans le malheur, ceux qui n'ont pas de pain ; les petits enfants sans mères, les mères qui n'ont plus d'enfants. Certes, par votre bouche il est doux d'être plaint ; vous savez si bien dire : — *Pecaire !* *

Et moi, je guette le coucher du soleil.

Avec son frêle corsage et sa robe de laine, couleur de la grenade ; avec son front uni et ses grands yeux si beaux ; avec ses longs cheveux noirs et son visage brun, je la verrai tout à l'heure, la douce vierge, qui me dira : — Bon vêpre ! — O Zani, venez vite !

Venez vite ! nous aimons les veillées où vous venez babiller, où vous venez sourire, ô gentille, ô douce, ô grande fée !

---

* PECAIRE, mot intraduisible, interjection de compassion, d'amitié, de tendresse.

V

> Mas quand la man blanca sès gant
> Estrenh son amic doussamen,
> L'amors mòu del cor e descend.
> SAVARIC DE MAULEON.

Coume un enfant, urouso e lèsto,
Dansavo en cantant; de sa tèsto,
Qu'aviéu courounado de flour,
Si péu prefuma, si péu negre,
A l'asard voulavon alegre,
E moun cor èro gounfle, èro gounfle d'amour.

Ansin, sus lou pountin de maubre,
Èro à dansa la bello enfant,
E s'entendié de brut que lou piéu-piéu que fan
Lis aucèu qu'à la niue se couchon dins lis aubre :

V

> Mais quand la main blanche dégantée
> étreint son ami doucement, l'amour
> s'émeut et descend du cœur.
>
> Savaric de Mauléon.

Comme un enfant, heureuse et légère, elle dansait en chantant ; de sa tête, que j'avais couronnée de fleurs, ses cheveux parfumés, ses noirs cheveux, au hasard, volaient joyeusement, et mon cœur était oppressé, oppressé d'amour.

Ainsi, sur le perron de marbre, elle était à danser, la belle enfant, et l'on n'entendait que le gazouillis que font les oiseaux, lorsque, à la nuit, ils se couchent dans les arbres :

Tout cerco lou repaus, alor, e tout s'escound.
Au founs dóu laberinto e dins l'andano soumbro,
  Emé lis auro dóu tremount,
Lou soulèu, rouge e fièr, davalavo dins l'oumbro.

Enterin, coumencè la poulido cansoun
    Di grihet, dins l'erbo e la mousso,
E la luno, mountant, tranquilo, aperamount,
    Espandiguè sa clarta douço.

Trefoulido, l'enfant poudié pas s'alassa
De canta, de sauta, de rire e de dansa.
    Toujour dansavo, folo e lèsto :
Subran, dintre li ple de sa raubo de fèsto
    Soun prim petoun s'es embarra ;
    Trantraio e jito un crid : — Ma maire !
    E coume vai toumba, pecaire !
    Iéu courre..... e toumbo 'dins mi bra.

Que sa tèsto èro bello, aqui, sus moun espalo,
Dins si long pèu negado e penjant touto palo.....
— Vous sias pas facho mau ? — De si bèus iue, alor,
Me regardo. Ma man sentié batre soun cor :
Oh ! coume èro esmougudo ! oh ! coume èro candido !
E iéu que pèr sa vido auriéu douna ma vido,
Aro que la teniéu touto en plen dins mi bras,
Ah ! n'auriéu pas vougu que se toumbèsse pas !

Tout cherche le repos, alors, et tout se cache. Au fond du labyrinthe et dans la sombre allée, par les brises du couchant, le soleil, rouge et fier, devalait dans l'ombre.

Cependant, commença la jolie chanson des grillons dans l'herbe et la mousse, et la lune, montant, tranquille, là-haut dans le ciel, épanouit sa douce clarté.

Tressaillante, l'enfant ne pouvait se lasser de chanter, de sauter, de danser et de rire. Preste et folle, elle dansait toujours : soudain, dans les plis de sa robe de fête, son petit pied s'est enfermé; elle chancelle et jette un cri : — Ma mère ! — Et comme elle va choir, pauvrette ! j'accours..... et elle tombe dans mes bras.

Que sa tête était belle, là, sur mon épaule, noyée dans sa longue chevelure et penchant toute pâle..... — Vous êtes-vous point fait de mal ? — De ses beaux yeux, alors, elle me regarde. Ma main sentait battre son cœur ; oh ! comme elle était émue ! oh ! comme elle était interdite ! Et moi, qui pour sa vie aurais donné ma vie, tandis que je la tenais tout entière dans mes bras, ah ! je n'aurais pas voulu qu'elle ne fût point tombée !

VI

> Tòut m' avètz rire
> E donat pessamen :
> Plus grèu martire
> Nuls om de mi no sent.
> GUILHÈM DE CABESTANH.

— Ah ! ta maneto caudo e bruno,
Baio-me la ! baio-me la !
Vène emé iéu : fai claro luno ;
Vène, lou cèu es estela.

Ah ! ta maneto bruno e caudo,
Mete-l'aqui dedins ma man !
Asseten-nous, e sus ta faudo
Brèsso-me coume toun enfant !

VI

> Vous m'avez ôté le rire, et
> donné le souci : plus violent
> martyre que le mien, nul
> homme ne l'éprouve.
> GUILLAUME DE CABESTAN.

— Ah ! ta petite main chaude et brune, donne-la moi !
donne-la moi ! Viens avec moi : il fait lune claire ; viens !
le ciel est étoilé.

Ah ! ta petite main brune et chaude, mets-la dans ma
main ! Asseyons-nous : sur le pan de ta robe, berce-moi
comme ton enfant.

Sènso bonur siéu las de courre,
Las de courre coume un chin fòu !
Assolo-me, soufrisse e ploure.....
Perqué cantas, gai roussignòu ?

La luno s'escound ; tout soumbrejo :
La bello niue ! — Ta man ferni,
O jouvènt, e ta man es frejo !
— La tiéuno me brulo, o Zani !

Ma man es frejo coume un mabre,
Ma man jalo coume la mort,
Car tout lou sang de moun cadabre
Boui e reboui dedins moun cor.

Sans bonheur je suis las de courir, las de courir comme un chien furieux ! Apaise-moi, je souffre et je pleure..... Pourquoi chantez-vous, gais rossignols ?

La lune se cache ; tout devient sombre : la belle nuit !
— Ta main frémit, ô jeune homme, et ta main est froide !
— La tienne me brûle, ô Zani !

Ma main est froide comme un marbre, ma main glace comme la mort, car le sang de tous mes membres bout et rebout dans mon cœur.

VII

> Quel giorno più non leggemmo avante.
> DANTE. (*Infern.* c. v.)

— Nous veiren plus! — E perqué? — Vau parti.
— E mounte vas? — Me vau faire mounjeto.
— Ai pòu pèr tu, mignoto! de-qu'as di?...
Saras malauto, oh! sies pièi tant jouineto!
De toun cor tèndre aviso-te, paureto!...
Saras malauto! — Eh bèn! ièu, mourirai. —
Aquéu jour, lou darrié, n'en diguerian pas mai.

VII

Ce jour-là, nous ne lûmes pas plus avant.
DANTE. (*Enfer*. c. v.)

— Nous ne nous verrons plus ! — Et pourquoi ? — Je vais partir. — Et où vas-tu ? — Je vais me faire nonne. — J'ai peur pour toi, mignonne ! qu'as-tu dit ?... Tu seras malade, oh ! tu es si jeune ! Prends garde à ton cœur tendre, pauvrette !... Tu seras malade. — Eh bien ! moi, je mourrai.
Ce jour-là, le dernier, nous n'en dîmes pas davantage.

VIII

> E pois ela se rendèt monga.
> (*Vido de Jaufré Rudel e de la Coumtesso de Tripoli.*)

Vous, tant urouso
A voste oustau,
Èstre amourouso
D'un espitau !
Partès, pecaire !
Partès deman !
E lou troubaire
    Se plan.

VIII

> Et puis elle se rendit nonne.
> (*Vie de Geoffroy Rudel et de
> la Comtesse de Tripoli.*)

Vous, si heureuse dans votre maison, être éprise d'un hôpital! Vous partez, hélas! demain vous partez! et le trouvère se plaint.

Vous, nosto joio
E nosto amour,
Vous, la belloio
De nòsti jour,
Vous, adourado,
Ana au couvènt!...
Sarés plourado
　　Souvènt !

Voste vièi paire
Que devendra ?
Dins soun mau-traire
N'en mourira !
Ah ! l'avéusage
Ei tant marrit,
En aquel age,
　　Zani !

Plus ges de femo,
Plus ges d'enfant !
Que de lagremo,
A si vièis an !
Èi pas de faire,
Oh ! vè ! resta !
Pèr voste paire,
　　Pieta !

Vous, notre amour et notre joie; vous, la parure de nos jours; vous, adorée, aller au couvent!... Vous serez pleurée bien des fois !

Votre vieux père, que deviendra-t-il ? Dans sa peine amère, il en mourra ! Ah ! le veuvage est bien triste, à cet âge, Zani !

Plus de femme, plus d'enfant !... Que de larmes dans sa vieillesse ! Oh! n'en faites rien , oh! de grâce, restez ! Pour votre père, pitié !

IX

> Chascun jorn s'en anav' al som de la montanha,
> E regardava luen si veirà sa companha.
> RAMOUN FERAUD.

Ai escala sus la cimo di moure,
Eilamoundaut, mounte i'a lou castèu ;
Ai escala sus la cimo di tourre.

    Blanco e duberto dins lou cèu
    Coume lis alo d'un aucèu,
    Ai vist li velo d'un veissèu,
Bèn liuen, bèn liuen, longtèms, longtèms encaro.....
    Pièi n'ai plus vist que lou soulèu
    E si trelus sus l'aigo amaro.

IX

> Chaque jour il s'en allait au sommet de la montagne, et il regardait au loin s'il verrait sa compagne.
> RAYMOND FÉRAUD.

Je suis monté sur la cime des mornes, sur le sommet où est le castel ; je suis monté sur la cime des tours.

Blanches et ouvertes dans le ciel comme les ailes d'un oiseau, j'ai vu les voiles d'un navire, bien loin, bien loin, longtems, longtems encore...... Puis je n'ai plus vu que le soleil et ses splendeurs sur l'onde amère.

Alor, d'amount, alor ai davala.
Long de la mar e di gràndis oundado,
Ai courregu coume un descounsoula,
E pèr soun noum, tout un jour, l'ai cridado!...

Lors, de là-haut, lors je suis descendu. Le long de la mer et des grandes vagues, j'ai couru comme un inconsolé, et par son nom, tout un jour, je l'ai criée !...

X

Go! for thy stay, not free, absents thee more,
Go in thy native innocence, rely
On wath thou hast of virtue; summon all!
For God towards thee hath done his part, do thine.

(*Paradise lost*, book ix.)

Dempièi que sias tant liuen, tant liuen qu'apereilà
Lou parla que se parlo èi plus noste parla,
    Ie sounjas pas à la Prouvènço?
Quand ie sounjas, tambèn dèu proun vous treboula!
Tóuti sounjan à vous dempièi vosto partènço.

X

> Va ! car ta présence, contre ta volonté, te rendrait plus absente : va dans ton innocence native ! appuie-toi sur ce que tu as de vertu ! réunis-la toute ! car Dieu envers toi a fait son devoir, fais le tien.
>
> (*Paradis perdu*, livre IX.)

Depuis que vous êtes si loin, si loin que, là-bas, là-bas, la langue que l'on parle n'est plus notre langue, n'y songez-vous pas, à la Provence ? Quand vous y songez, pourtant, cela doit bien vous troubler ! Tous, nous songeons à vous depuis votre départ.

l'a 'ncaro proun de flour en terro de Durènço :
Ah ! podon, aquest an, ah ! podon se passi :
Pèr vous n'en courouna, pecaire ! sias plu' ici !

Sias plu' ici ! mai lou cor gardo vosto memòri :
Parlon souvènt de vous li gènt de voste endré.
Quand n'en parlon, toujour me mescle au roudelet ;
Ploure, en lis escoutant me faire vosto istòri.

Urouso quenounsai, perqué parti, tambèn !
l'a vounge mes tout-aro, e pamens, bèn souvènt,
    Nous sèmblo pas de crèire !
Aviéu escri pèr vous un conte d'encian-tèm,
    Dins lou parla di rèire.

Ah ! de bouco, segur, m'aurié bèn fa plesi
De vous lou dire, à vous ! Mai, poudès plus ausi
    Li cansoun di Felibre.
Qu saup, tant soulamen, se vendrés à legi
    Aqueste pichot libre !

Qu saup ? de-fes-que-i'a, lis asard soun tant grand,
    O gènto damisello !
L'istòri qu'autre-tèms me countavo moun grand,
    Basto l'atrouvés bello,
Vous qu'amas tant li vièi e li pichots enfant !

Il y a encore bien des fleurs en terre de Durance : ah !
elles peuvent, cette année, ah ! elles peuvent se flétrir :
pour vous en faire des couronnes, vous n'êtes plus ici, hélas !

Vous n'êtes plus ici ! mais le cœur garde votre souvenir :
ils parlent souvent de vous, les gens de votre pays. Quand
ils en parlent, je me mêle toujours au petit cercle ; je pleure,
en les écoutant me faire votre histoire.

Heureuse comme on ne peut dire, aussi pourquoi partir ?
Voilà onze mois tout à l'heure, et pourtant, bien souvent,
nous ne voulons pas y croire. J'avais écrit pour vous un
conte du temps jadis, dans le parler des aïeux.

Ah ! de bouche, assurément, il m'eût fait bien plaisir
de vous le dire, à vous ! Mais vous ne pouvez plus entendre
les chansons des Felibres*. Qui sait, seulement, si vous
viendrez à lire ce petit livre ?

Qui sait ? parfois les hasards sont si grands, ô gente
demoiselle ! L'histoire que, jadis, me contait mon aïeul,
puissiez-vous la trouver belle, vous qui aimez tant les
vieillards et les petits enfants !

* C'est ainsi qu'on nomme, en Provence, les troubadours modernes.

I'aviè 'no fes un Rèi : — vous dirai pas quete èro,
  Me l'an pas di. — Lou Rèi aguè 'n enfant,
E ie dounè pèr baile un ome de la terro.
  E lou pichot venié grandet, plan-plan.
      Lou baile lou menavo
      Tóuti li cop qu'anavo
    A la vigno pèr travaia ;
    E toujour lou baile pourtavo
Un pau de pan pèr lou faire manja,
Un pau de vin dins uno coucourdeto.
E pièi souto un bouissoun ensèn fasien pauseto ;
Manjavon, s'avien fam, e bevien, s'avien set :
  N'avié tant siuen de soun bèu garçounet,
    Quand lou menavo à la vigneto,
  Que lou fasié béure à la coucourdeto !

Mai lou pichot toujour venié pu grand.
Lou Rèi mandè si gènt ie querre soun enfant.
Lou baile n'en plourè, coume poudès lou crèire ;
  Pièi, un matin, partiguè pèr lou vèire :
    Se languissié bèn tant !

Lou baile arribo, e de pertout regardo.
— De-qu'èi que vos ? ie demando la gardo.
— Vole, ie dis, vèire moun garçounet,
    Que lou menave à la vigneto,
  Que lou fasiéu béure à la coucourdeto !

Il y avait une fois un Roi : — je ne vous dirai pas lequel, on ne me l'a pas dit. — Le Roi eut un enfant, et il lui donna pour nourricier un homme de la glèbe. Et le petit devenait grandet tout doucement. Le nourricier le menait avec lui toutes les fois qu'il allait travailler à la vigne ; et toujours le nourricier portait un peu de pain pour le faire manger, un peu de vin dans une petite gourde. Et puis, sous un buisson, ils se reposaient ensemble, mangeaient, s'ils avaient faim, et buvaient, s'ils avaient soif. Il prenait tant de soin de son beau garçonnet, quand il le menait à la *vignette*, qu'il le faisait boire à la petite gourde !

Mais le petit grandissait de jour en jour. Le Roi envoya ses gens lui quérir son enfant. Le nourricier en pleura, comme vous pouvez le croire ; puis, un matin, il partit pour le voir : si grande était son impatience !

Le nourricier arrive et regarde de tous côtés. — Que veux-tu ? lui demande la garde. — Je veux, dit-il, voir mon garçonnet, que je menais à la *vignette*, que je faisais boire à la petite gourde !...

— Ah ! pèr ma fe !
Sies mato !... Anen, moun ome, entorno-te !
Entorno-te, t'an di ! — Lou baile resistavo ;
Voulié passa, la gardo l'arrestávo,
E toujour mai lou paure ome cridavo : —
Ah ! leissas-me vèire moun garçounet,
Que lou menave à la vigneto,
Que lou fasiéu béure à la coucourdeto !

A la forço pamens la gardo mountè d'aut,
E diguè au Rèi : — Eilabas, i'a 'n badau...
Oh ! jamai de la vido,
S'èi vist un ome ansin ! i'a miech-ouro que crido : —
Ah ! leissas-me vèire moun garçounet,
Que lou menave à la vigneto,
Que lou fasiéu béure à la coucourdeto !
Cènt cop belèu i'avèn di : — Taiso-te !
Se n'es pas fòu, se n'en manco de gaire !
Es à la porto, e-res pòu l'arresta...
— Anas lou querre e fasès-lou mounta,
Diguè lou Rèi : veiren ce que fau faire.

Veici qu'au bout d'un moumenet,
Intro lou baile ; esmougu, cour tout dre
Au fiéu dóu Rèi, e dis davans soun paire :
— Ah ! velaqui moun garçounet,
Que lou menave à la vigneto,
Que lou fasiéu béure à la coucourdeto ! —
D'entèndre eiçò cadun èro espanta.

— Ah ! par ma foi ! tu es fou !... Allons, mon brave, retourne-t'en ! Retourne, t'a-t-on dit. — Le nourricier résistait ; il voulait passer, la garde l'arrêtait, et le pauvre homme criait toujours plus fort : — Ah ! laissez-moi voir mon garçonnet, que je menais à la *vignette*, que je faisais boire à la petite gourde !

A la fin, pourtant, la garde monta l'escalier et dit au Roi : — Là-bas est un badaud... Oh ! jamais de la vie, on n'a vu homme pareil ! il crie depuis une demi-heure : — Ah ! laissez-moi voir mon garçonnet, que je menais à la *vignette*, que je faisais boire à la petite gourde ! — Cent fois, peut-être, nous lui avons dit : Tais-toi ! — S'il n'est pas fou, il s'en faut de peu. Il est à la porte et nul ne peut l'arrêter. — Allez le quérir et faites-le monter, dit le Roi : nous verrons ce qu'il faut faire.

Voici qu'au bout d'un instant, le nourricier entre ; ému, il court tout droit au fils du Roi, et dit devant son père : — Ah ! le voilà mon garçonnet, que je menais à la *vignette*, que je faisais boire à la petite gourde. — D'entendre cela chacun était ébahi.

— Aqueste vèspre, à taulo, à moun coustat,
Vole, diguè lou Rèi, que vèngues t'asseta. —
E 'm'acò ie faguè tasta
De tout ce que manjavo !

E, l'endeman, lou baile s'entournavo ;
Lou Rèi perçu venié de ie coumta
Autant d'escut que poudié n'en pourta !
E lou baile disié, dóu tèms que caminavo,
En risènt tout soulet :
— Ah ! de moun brave garçounet,
Que lou menave à la vigneto,
Que lou fasiéu béure à la coucourdeto !

— Ce soir, à table, à mon côté, je veux, dit le Roi, que tu viennes t'asseoir. — Et voilà qu'il lui fit goûter de tout ce qu'il mangeait !

Et, le lendemain, le nourricier s'en retournait. Or, le Roi venait de lui compter autant d'écus qu'il pouvait en porter ! Et le nourricier disait, durant son chemin, en riant tout seul : — Ah ! mon brave garçonnet, que je menais à la *vignette*, que je faisais boire à la petite gourde !

XI

> S'es enanado alin, ma douço amigo,
> E iéu, desespera,
> Fau que ploura.
> Frederi Mistral.

De-la-man-d'eilà de la mar,
Dins mis ouro de pantaiage,
Souvènti-fes iéu fau un viage,
Iéu fau souvènt un viage amar,
De-la-man-d'eilà de la mar.

Eilalin vers li Dardanello,
Iéu m'envau emé li veissèu
Que sis aubre traucon lou cèu,
Iéu m'envau vers ma pauro bello,
Eilalin, vers li Dardanello.

XI

> Au loin s'en est allée ma douce
> amie, et moi, desespéré, je pleure
> sans cesse.
>
> FRÉDÉRIC MISTRAL.

Au pays d'outre-mer, dans mes heures de rêverie, souventes fois je fais un voyage, je fais souvent un amer voyage, au pays d'outre-mer.

Au loin, là-bas, vers les Dardanelles, je m'en vais avec les vaisseaux dont les mâts percent le ciel ; je m'en vais vers ma pauvre amie, au loin, là-bas, vers les Dardanelles.

Emé li grand niéu barrulant,
Coucha dóu vènt, soun baile-pastre,
Li grand niéu que davans lis astre
Passon coume de troupèu blanc,
Emé li niéu vau barrulant.

M'envole emé li dindouleto
Que s'entornon vers lou soulèu :
Vers li bèu jour s'envan lèu-lèu,
E, lèu-lèu, vers moun amigueto,
M'envole emé li dindouleto.

Iéu ai lou làngui dóu país,
Dóu país que trèvo ma mìo ;
Liuen d'aquelo estranjo patrìo,
Coume l'aucèu liuen de soun nis,
Iéu ai lou làngui dóu país.

D'erso en erso, sus l'aigo amaro,
Coume un cadabre i mar jita,
En pantai me laisse empourta
I pèd d'aquelo que m'èi caro,
D'erso en erso, sus l'aigo amaro.

Sus la ribo siéu aqui, mort !
Ma bello dins si bras m'aubouro ;
Sèns muta me regardo e plouro,
Mete sa man dessus moun cor,
E subran sorte de la mort !

Avec les grandes nuées errantes, chassées par le vent, leur maître pasteur, les grandes nuées qui devant les astres passent comme des troupeaux blancs, je vais errant avec les nuées.

Je m'envole avec les hirondelles qui retournent vers le soleil : vers les beaux jours, elles s'en vont vite, vite, et, vite, vite, vers mon amie, je m'envole avec les hirondelles.

Moi, j'ai le mal du pays, du pays que hante ma mie ; loin de cette patrie étrangère, comme l'oiseau loin de son nid, moi j'ai le mal du pays.

De vague en vague, sur l'onde amère, comme un cadavre jeté aux mers, en rêve je me laisse emporter aux pieds de celle que j'aime, de vague en vague sur l'onde amère.

Sur la rive je suis là, mort ! Ma belle dans ses bras me soulève ; sans mot dire, elle me regarde et pleure ; elle met sa main sur mon cœur, et soudain je sors de la mort !

Alor l'estregne, alor l'embarre
Dins mi brassado : — Ai proun soufri,
Rèsto! iéu vole plus mouri!...
E coume un negadis la sarre,
E dins mi brassado l'embarre.

De-la-man-d'eilà de la mar,
Dins mis ouro de pantaiage,
Souvènti-fes iéu fau un viage,
Iéu fau souvènt un viage amar,
De-la-man-d'eilà de la mar.

Alors, je l'étreins, alors je l'enferme dans mes embrassements : — J'ai assez souffert, reste ! je ne veux plus mourir !... — Et comme un noyé je la serre, et dans mes embrassements je l'enferme.

Au pays d'outre-mer, dans mes heures de rêverie, souventes fois je fais un voyage, je fais souvent un amer voyage, au pays d'outre-mer.

XII

> En sovinènsa
> Tènc la car' e l' dous ris.
> Guilhèm de Cabestanh.

Ah ! vaqui pamens la chambreto
Mounte vivié la chatouneto !
Mai, aro, coume l'atrouva,
Dins lis endré qu'a tant treva ?
O mis iue, mi grands iue bevèire,
Dins soun mirau regardas bèn :
Mirau, mirau, fai-me la vèire,
Tu que l'as visto tant souvènt.

XII

> Je garde en souvenance le visage
> et le doux sourire
>
> Guillaume de Cabestan.

Ah ! voilà pourtant la chambrette où vivait la jeune fille ! mais, maintenant, comment la retrouver, dans les lieux qu'elle a tant hantés ? O mes yeux, mes grands yeux buveurs, dans son miroir regardez bien : miroir, miroir ! montre-la-moi, toi qui l'as vue si souvent.

Lou matin, dedins l'aigo claro,
Quand trempavo sa bello caro,
Quand trempavo si bèlli man;
Que fasié teleto, en cantant,
E qu'à travès soun èr risèire
Perlejavon si blànqui dènt; —
Mirau, mirau, fai-me la vèire,
Tu que l'as visto tant souvènt.

Qu'èro innoucènto e qu'èro urouso!
Leissant toumba, touto crentouso,
Sus soun espalo, au mendre brut,
Si long péu coume un long fichu.
Pièi, dins lis Ouro de soun rèire,
Au bon Diéu parlavo longtèm.
Mirau, mirau, fai-me la vèire,
Tu que l'as visto tant souvènt.

Contro un brout de santo liéurèio,
Lou libre èi sus la chaminèio;
Vai veni, vè! car l'a leissa
Dubert mounte avié coumença.
Soun pichot pas lóugié, courrèire,
L'ause dins lou boufa dóu vènt.
Mirau, mirau, fai-me la vèire,
Tu que l'as visto tant souvènt.

Le matin, dans l'eau claire, quand elle trempait son beau visage, quand elle trempait ses belles mains, qu'elle faisait toilette en chantant, et qu'à travers son air rieur ses blanches dents brillaient en perles ; — miroir, miroir, montre-la-moi, toi qui l'as vue si souvent.

Qu'elle était innocente et qu'elle était heureuse ! laissant tomber, toute craintive, sur ses épaules, au moindre bruit, ses longs cheveux comme un long fichu. Puis, dans le (livre) d'heures de son aïeul, longtems elle parlait à Dieu. Miroir, miroir, montre-la-moi, toi qui l'as vue si souvent.

Contre un brin de rameau bénit, le livre est sur la cheminée; elle va venir, voyez ! car elle l'a laissé ouvert à l'endroit où elle avait commencé. Son petit pas léger, rapide, je l'entends dans le vent qui souffle. Miroir, miroir, montre-la-moi, toi qui l'as vue si souvent.

Li jour de fèsto e de grand messo,
Qu'èro gènto e qu'èro bèn messo,
La pauro enfant! De moun cantoun,
L'amiràve, — Segnour, perdoun! —
Iéu l'amirave, en plen Sant-Pèire,
Dins lou soulèu e dins l'encèn.
Mirau, mirau, fai-me la vèire,
Tu que l'as visto tant souvènt.

Assetado eici, travaiavo;
De la fenèstro babihavo.
Pèr li paure, pèr lou bon Diéu,
N'abenè de lano e de fiéu!
E dins la chambro e dins lou vèire,
Si det fasien lou vai-e-vèn.
Mirau, mirau, fai-me la vèire,
Tu que l'as visto tant souvènt.

Ah! lou tèms di dóuci babiho,
Tèms de joio e de pouesìo,
E de l'amour e dóu dansa,
Aquéu bèu tèms èi bèn passa!
Ti long péu qu'a coupa lou prèire,
Pecaire! avèn tant jouga 'nsèn!...
Mirau, mirau, fai-me la vèire,
Tu que l'as visto tant souvènt.

Les jours de fête et de grand'messe, qu'elle était gentille et bien parée, la pauvre enfant ! De mon coin, je l'admirais, — Seigneur, pardon ! — je l'admirais en pleine (église de) Saint-Pierre, dans le soleil et dans l'encens. Miroir, miroir, montre-la-moi, toi qui l'as vue si souvent.

Assise ici, elle travaillait ; elle babillait de la fenêtre. Pour les pauvres, pour le bon Dieu, elle en consomma de la laine et du fil ! Et dans la chambre et dans la glace, ses doigts faisaient le va-et-vient. Miroir, miroir, montre-la-moi, toi qui l'as vue si souvent.

Ah ! le temps des doux babils, temps de joie et de poésie, et du danser et de l'amour, ce beau temps est bien passé ! Tes longs cheveux qu'a coupés le prêtre, hélas ! nous avons tant joué avec !... Miroir, miroir, montre-la-moi, toi qui l'as vue si souvent.

Es ansin, moun Diéu! sias lou mèstre!
Dins li malur, lis escaufèstre,
Amaduras vosto meissoun;
Sus lis espino di bouissoun,
Chausissès, o divin cuièire,
Li plus bèlli flour dóu printèm.
Mirau, mirau, fai-me la vèire,
Tu que l'as visto tant souvènt.

Lou dilun que s'es enanado,
De plour si gauto èron negado.
Ah! qu'avien ploura, si bèus iue :
Avien ploura touto la niue!
Pamens n'a pas regarda 'rèire,
Quand s'es embarrado au couvènt.
Mirau, mirau, fai-me la vèire,
Tu que l'as visto tant souvènt.

Souto la triho à mita morto,
En intrant, eilà, vers sa porto,
Ai legi : Oustau à louga.
Escritèu, m'as estoumaga!
Res! plus res!... Vole pas ie crèire;
Sèmpre au lindau moun cor revèn,
Mirau! e me la fas pas vèire,
Tu que l'as visto tant souvènt!

C'est ainsi, mon Dieu ! vous êtes le maître ! Dans les malheurs, dans les émois, vous mûrissez votre moisson ; sur les épines des halliers, vous choisissez, ô divin cueilleur, les plus belles fleurs du printemps ! Miroir, miroir, montre-la-moi, toi qui l'as vue si souvent.

Le lundi qu'elle s'en est allée, ses joues étaient noyées de larmes. Ah ! qu'ils avaient pleuré, ses beaux yeux ! ils avaient pleuré toute la nuit ! Pourtant, elle n'a pas regardé en arrière, quand au couvent elle s'est enfermée. Miroir, miroir, montre-la-moi, toi qui l'as vue si souvent.

Sous la treille morte à demi, en entrant, là-bas, près de sa porte, j'ai lu : Maison à louer. Écriteau, tu m'as serré le cœur ! Personne, plus personne !... Je ne veux pas y croire ; toujours au seuil mon cœur revient, miroir ! et tu ne me l'a montres pas, toi qui l'as vue si souvent !

XIII

> Las! mos cors no dorm ni pauza,
> Ni pot en un loc estar.
>   BERNAT DE VENTADOUR.

Desempièi qu'es partido e que ma maire es morto,
A travès plan e mount, iéu, tout l'an, siéu pèr orto,
Barrulant à l'asard e sènso coumpagnoun;
Plourant, se fau que tourne i bàrri d'Avignoun.
D'Avignoun, dins moun cor, la pensado es amaro,
E fuge..... Que voulès que tourne à la vilo, aro
Que davans soun oustau iéu pode plus passa,
Aro que iéu n'ai plus ma maire à-n-embrassa!

XIII

*Hélas! mon corps ne dort ni ne repose,
et ne peut nulle part demeurer.*
    Bernard de Ventadour.

Depuis qu'elle est partie et que ma mère est morte, à travers plaines et monts, toute l'année, je suis errant, errant sans compagnon et à l'aventure ; pleurant, quand il faut que je retourne aux remparts d'Avignon.

D'Avignon, dans mon cœur la pensée est amère, et je fuis... Pourquoi retournerais-je à la ville, maintenant que je ne puis plus passer devant sa maison, maintenant que je n'ai plus ma mère à embrasser !

Leissas-me, leissas-me chanja 'n pau d'encountrado,
E vèire se pertout i'a sa malemparado.

Caminas dempièi l'aubo e vous cresès perdu ;
E, de-vèspre, toumbas vers l'amèu escoundu,
Au founs de quauco coumbo estranjo e verdo e bello.
Dins lou cèu adeja tremolon lis estello ;
Fasès pòu i galino, ausès japa li chin ;
E la femo, que ligo, eilà, dins lou jardin,
Si lachugo daurado, e s'arrèsto, e s'aubouro.
— Bon vèspre, ie disès. — Bon vèspre ! En aquesto ouro,
Mounte anas, bèl ami ? — Siéu esmarra, siéu las !
Se poudias me douna la retirado..... — Intras,
Intras, assetas-vous ! — Lèu, lèu, la ramihado
Esgaiejo l'oustau d'un vièsti de flamado.
— Noste ome, aquéu d'eilà que siblo en coutrejant,
Vai veni : souparen. — Regardo lou bajan,
La femo, e, vivamen, emé lou taio-lesco,
Chaplo lou bèu pan brun ; vai querre d'aigo fresco
Emé soun bro de couire ; e pièi, sus lou lindau,
Sort, e sono si gènt que rintron dins l'oustau.
E la soupo es vejado, e, d'enterin que trempo,
L'oste amistous vous fai béure un cop de sa trempo ;
Pièi, chascun à soun tour, rèire, ome, femo, enfant,
Tiron uno sietado e se lèvon la fam ;
E manjas de la soupo, e sias de la famiho.

Laissez-moi, laissez-moi changer un peu de contrée,
et voir si, en tous lieux, inévitable est le malheur !

———

Vous marchez dès l'aurore et vous vous croyez perdu, et, le soir, vous tombez vers le hameau caché, au fond de quelque gorge étrange et verte et belle. Dans le ciel déjà tremblent les étoiles ; vous faites peur aux poules, vous entendez aboyer les chiens ; et la femme, qui lie, là-bas, dans le jardin, ses laitues dorées, s'arrête et se relève. — Bon vêpre, lui dites-vous. — Bon vêpre ! A cette heure, où allez vous, bel ami ? — Je suis égaré, je suis las ! Si vous pouviez me donner l'hospitalité... — Entrez, entrez ; asseyez-vous ! — Aussitôt, la ramée égaie la maison d'un vêtement de flamme. — Notre mari, celui qui siffle, là-bas, en conduisant la charrue, va venir : nous souperons. — La femme regarde le légume, et, vivement, avec le tranchoir, elle taille le beau pain brun ; elle va quérir de l'eau fraîche, avec son broc de cuivre ; et puis, sur le seuil, elle sort, et appelle ses gens qui rentrent à la maison. Et la soupe est versée, et pendant qu'elle trempe, l'hôte amical vous fait boire un coup de sa piquette ; puis chacun à son tour, aïeul, mari, femme, enfant, tirent une assiettée, et apaisent leur faim ; et vous mangez de la soupe, et vous êtes de la famille.

Mai lou repas feni, deja cadun soumiho :
L'oustesso, em' un calèu, vous vai querre un lançòu,
Un bèu lançòu rousset, qu'es tout rufe e tout nòu.
Lou lassige dóu cors es de baume pèr l'amo...
Ah! que fai bon dourmi dins li jas, sus la ramo,
Dourmi sènso pantai, au mitan di troupèu,
D'èstre pièi reviha que pèr li cascavèu
Di cabro, lou matin, e d'ana 'mé li pastre
Se coucha, tout lou jour, e sèntre lou mentastre!

Mais, le repas fini, déjà chacun sommeille : l'hôtesse avec une lampe vous va quérir un drap, un beau drap de toile blonde, tout rude et tout neuf. La lassitude du corps est du baume pour l'âme... Ah ! qu'il fait bon dormir, dans les bergeries, sur le feuillage, dormir sans rêves, au milieu des troupeaux, et n'être ensuite réveillé que par les grelots des chèvres, le matin, et aller avec les pâtres se coucher tout le jour, et sentir le marrube !

XIV

> — Toza, fi m iéu, gentil fada
> Vos adastrèc, quand fos nada,
> D'una bèutat esmerada.
> MARCABRUN.

En pensamen de ma bruneto,
Uno bruneto ai rescountra.
Tóuti li brùni chatouneto,
Despièi Zani, me fan ploura.

— Mai negre que ta raubo negro,
Bruno, tis iue m'an trevira !
Regardo-me, qu'acò m'alegro ;
Regardo ! que me fai ploura.

XIV

— Fillette, dis-je, une gentille fée vous doua, quand vous naquîtes, d'une beauté parfaite.
Marcabrun.

En souci de ma brunette, une brunette j'ai rencontré. Toutes les brunes jeunes filles, depuis Zani, me font pleurer.

— Plus noirs que ta robe noire, brune, tes yeux m'ont bouleversé ! Regarde-moi : cela me rend la joie ; regarde ! cela me fait pleurer.

Parlo-me'n pau !... Que vas me dire ?
Parlo, moun cor escoutara ;
Parlo, mignoto, fai-me rire ;
O mignoto, fai-me ploura.

Ah ! coume tu n'i'a pancaro uno,
Ma bello ! e te dison ?... — Clara.
— Noun ! sies Zani, Zani la bruno ;
Sies la chato qu'ai tant ploura !

Parle-moi un peu !... Que vas-tu me dire ? Parle, mon cœur écoutera ; parle, mignonne, fais-moi sourire ; ô mignonne, fais-moi pleurer.

Ah ! comme toi, il n'en est pas une encore, ma belle ! et l'on te nomme?... — Clara. — Non! tu es Zani, Zani la brune; tu es la vierge que j'ai tant pleurée !

XV

> E l' jorn es clars e bèls e gènts,
> E l' solèlz lèva resplendènts
> Lo matin que spand la rosada;
> E l's auzèls, pèr la matinada
> E pèr lo tèms qu'es en doussor,
> Cantan dessobre la verdor
> E s'alegron en lor latin.
> (*Rouman de Jaufré.*)

Dins li pradoun i'a de vióuleto;
Veici tourna li dindouleto;
Tournamai veici lou soulèu,
    Plus rous, plus bèu;
I'a de fueio sus li platano;
L'oumbro èi fresco dins lis andano,
    E tout tresano!...
    O moun cor,
Perqué sies pas mort?

XV

> Et le jour est clair, beau et gentil, et avec le soleil resplendissant se lève le matin qui répand la rosée; et les oiseaux, par la matinée et par le temps qui est en douceur, chantent sur la verdure et s'égayent en leur latin.
>
> (*Roman de Jaufré.*)

Dans les préaux il y a des violettes ; voici, de nouveau, les hirondelles ; de nouveau, voici le soleil, plus roux, plus beau. Il y a des feuilles aux platanes ; l'ombre est fraiche dans les allées, et tout tressaille !...

O mon cœur, pourquoi n'es-tu pas mort ?

La ribo èi verdo ; sus la ribo
Siéu coucha ; d'enterin m'arribo,
E di grands aubre e di bouissoun,
 Prefum, cansoun.
Tóuti li branco soun flourido ;
Tout canto, tout ris, car la vido
 Es tant poulido !
 O moun cor,
 Perqué sies pas mort ?

De si bastido, li chatouno,
Li chatouneto galantouno,
Cantant emé lou roussignòu,
 Vènon pèr vòu.
Courron, trapejon li floureto,
E parlon de sis amoureto :
 Soun pas souleto...
 O moun cor,
 Perqué sies pas mort ?

Ah ! que la joio reviscoulo !
Anen, fasès la farandoulo ;
Anen, dansas 'mé li jouvènt,
 Lou péu au vènt.
Vivo, enflourado, entre li roure,
An ! courrès, qu'èi brave de courre ;
 Risès, iéu ploure !
 O moun cor,
 Perqué sies pas mort ?

La rive est verte; sur la rive je suis couché; cependant me viennent des grands arbres et des buissons, chants et parfums. Toutes les branches sont en fleurs; tout chante, tout rit, car la vie est si charmante !

O mon cœur, pourquoi n'es-tu pas mort?

De leurs *bastides*, les fillettes, les jeunes filles gracieuses, chantant avec les rossignols, viennent par volées; elles courent, foulent les fleurs, et parlent de leurs amourettes : elles ne sont pas seules...

O mon cœur, pourquoi n'es-tu pas mort?

Ah ! comme la joie ranime ! Allons, faites la farandole; allons, dansez avec les jouvenceaux, la chevelure au vent. Vives, empourprées, entre les rouvres, allons, courez, car il fait bon courir; riez, moi je pleure !

O mon cœur, pourquoi n'es-tu pas mort?

E, chascun emé sa chascuno,
Dansaran fin qu'au clar de luno ;
Mai la tiéuno revendra plu
  Dansa 'mé tu.
Ah ! pecaire, qu'èro braveto,
E que l'amave, la bruneto !
  Aro èi mounjeto...
   O moun cor,
Perqué sies pas mort ?

Et, chacun avec son amie, ils danseront jusqu'au clair de lune; mais la tienne ne reviendra plus danser avec toi. Ah! mon Dieu, qu'elle était gentille! et combien je l'aimais, la brunette! Ores elle est nonne...

O mon cœur, pourquoi n'es-tu pas mort?

XVI

>Doussa res, que qu'om vos dia,
>No cre que tals dolors sia
>Com qui part amic d'amia,
>Qu'iéu pèr me mezèis o sai.
>   Ai !
>   BERTRAND DE LAMANOUN.

Ah ! ma plago es grando e lou mau es foun !
 Tóuti li blessa, mounte, mounte soun ?
Li blessa de l'Amour, e n'en manco pas, certo !
 Intras dins moun cor, la porto es duberto.

Intras dins moun cor e regardas-ie :
 Parai, que moun mau a pas soun parié ?
N'aurié pas mies vaugu qu'un loup, un loup alabre,
 M'aguèsse estrassa, chapla lou cadabre !

XVI

> Doux objet, quoi qu'on vous dise, ne croyez pas qu'il soit douleur pareille à celle de l'ami qu'on sépare de son amie ; car, par moi-même je le sais. Aïe !
>
> BERTRAND DE LAMANON.

Ah ! ma plaie est grande et le mal est profond ! Tous les blessés, où sont-ils, où sont-ils ? les blessés de l'amour, et certes, ils sont en grand nombre ! Entrez dans mon cœur, la porte est ouverte.

Entrez dans mon cœur, et regardez-y : n'est-ce pas que mon mal n'a pas son pareil ? N'eût-il pas mieux valu qu'un loup, un loup affamé, m'eût déchiré, écharpé les membres !

En que sièr, moun Diéu, en que sièr d'ama,
　E se devouri, e se counsuma?
Ah! que l'amour tant béu fugue un pantai qu'embulo!
　E toujour-que-mai moun cor sauno e brulo!

Vaqui d'ounte vèn que siéu coume siéu,
　Passant tau qu'un mort au mitan di viéu :
Bono coume lou pan e douço coume un ange,
　Uno enfant m'a fach aquéu mau estrange!

A quoi sert, mon Dieu, à quoi sert d'aimer, d'être rongé
d'ennui et se consumer? Ah! que l'amour si beau soit un
rêve qui leurre! Et toujours plus fort mon cœur saigne et
brûle!

Voilà d'où vient que je suis comme je suis, passant tel
qu'un mort au milieu des vivants : bonne comme le pain
et douce comme un ange, une enfant m'a fait cette étrange
blessure!

XVII

> L'autrièr, long un bos folhos...
> CADENET.

N'èro pas uno rèino, uno rèino e soun trin,
Galoupant noublamen sus sa cavalo blanco,
E que, dins li grand bos, aubouro enjusqu'i branco
    Touto la pòusso dóu camin.

Noublamen galoupant sus sa blanco cavalo,
N'èro pas uno rèino emé damo e varlet,
Que d'un mot de sa bouco e d'un cop d'iue soulet
    Vous fai la caro roujo o palo.

XVII

L'autre jour, le long d'un bois feuillu...
CADENET.

Ce n'était pas une reine, une reine et son train, galopant noblement sur sa blanche cavale, et qui, dans les grands bois, soulève jusqu'aux branches toute la poudre du chemin.

Noblement galopant sur sa cavale blanche, ce n'était pas une reine avec dames et varlets, qui, d'un mot de sa bouche et seulement d'un coup-d'œil, vous fait le visage rouge ou pâle.

N'èro rèn qu'uno enfant dessus un ase gris,
Que de-long dóu draiòu anavo plan-planeto,
E pèr lou proumié cop vesiéu la chatouneto
    Que, segur, m'avié jamai vist.

Es vers la Font-di-prat que venié ; se rescontro
Qu'èro estré lou camin pèr passa tóuti dous,
E la chato diguè : — Jouvènt, avisas-vous :
    L'ai reguigno ! — e me riguè contro, —

Tenès, passas davans ! — E, pèr delice, alor,
La regarde e m'aplante, e vaqui que s'arrèsto...
Uno rèino, belèu, m'aurié vira la tòsto,
    Mai pèr l'enfant, virè moun cor.

Oh! n'èro qu'uno enfant, e n'èro que mai bello !
Soun courset de basin, trop pichot e trop just,
Badavo un pau davans, e si poulit bras nus
    Sourtien de sa mancho de telo.

De fichu, n'avié ges : èro au tèms de la caud ;
Em' un brout d'amourié la chato se ventavo ;
Au dous balin-balan de l'ase que troutavo,
    Penjavon si bèu pèd descau.

S'arrèsto. — Un an de mai, e de iéu avié crento ! —
E pamens, e pamens parlerian pas d'amour ;
Mai l'enfant venié fiho, e chasqu'an, chasque jour
    La fasié pu grando e pu gènto.

Ce n'était qu'une enfant sur un âne gris, qui le long du sentier allait tout doucement, et pour la première fois je voyais la bachelette qui, à coup sûr, ne m'avait jamais vu.

C'est vers la Fontaine-des-prés qu'elle se dirigeait ; il se trouve que le chemin était étroit pour passer tous les deux, et la fillette dit : — Jeune homme, prenez garde : l'âne rue ! — et elle me sourit, —

Tenez, passez devant ! — Et avec délice, alors, je la regarde et je m'arrête, et voilà qu'elle fait halte. Une reine, sans doute, m'eût tourné la tête, mais cette enfant tourna mon cœur.

Oh ! ce n'était qu'une enfant, et elle n'en était que plus belle ! Son corset de bazin, trop petit et trop juste, bâillait un peu devant, et ses jolis bras nus sortaient de sa manche de toile.

De fichu, elle n'en avait pas : c'était au temps de la chaleur; avec un rameau de mûrier s'éventait l'adolescente; au doux balancement de l'âne qui trottait, pendaient ses beaux pieds sans chaussure.

Elle s'arrête. — Un an de plus, et de moi elle avait honte ! — Et pourtant, et pourtant nous ne parlâmes pas d'amour; mais l'enfant devenait fille, et chaque an, chaque journée la faisait plus grande et plus gentille.

Pèr lis èr, pèr lou biais e pèr la majesta,
N'ai pas vist coume acò, d'enfant, dins li grand vilo;
Poudès cerca longtèms, poudès cerca sus milo
    Tant d'innoucènço e de bèuta!

— Ma mignoto, coume es toun noum?—Vous lou vau dire:
Li gènt me dison Roso e ma maire Rouset.
— E toun ase, coume èi que ie dison? Blanquet?... —
    L'enfant alor se met à rire.

— As de fraire, as de sorre, o ti gènt n'an que tu?
— Siéu l'einado de cinq. — Tu l'einado, jouineto?
— Un que s'envai soulet, un encaro que teto,
    Emé dous autre pèr dessu!

— T'an aprés à legi? Sies estado à l'escolo?
— Oh! si! — Ta coumunioun? — L'ai facho l'an passa.
— E mounte vas? — Mi gènt meissounon, sian pressa;
    M'envau au plan, darrié la colo. —

E l'enfant virè net permèi li pinatèu.....
O Bèuta, coume fau que siegues pouderouso,
Pèr avé, de moun cor, de ma vido amourouso,
    Un moumenet gara lou fèu!

Pour les traits, pour la grâce et pour la majesté, je n'en vis oncques, d'enfant pareille, dans les grandes villes. Vous pouvez chercher longtemps, vous pouvez chercher sur mille tant de beauté et d'innocence !

— Ma mignonne, quel est ton nom ? — Je vais vous le dire : les gens m'appellent Rose et ma mère Roset. — Et ton âne, comment l'appelle-t-on ? Blanquet ?... —L'enfant alors se met à rire.

— As-tu des frères, as-tu des sœurs, ou tes parents n'ont-ils que toi ? — Je suis l'aînée de cinq. — Toi, l'aînée, jeunette ? — Un qui s'en va tout seul, un qui tête encore, avec deux autres par-dessus !

— T'a-t-on appris à lire ? es-tu allée à l'école ? — Oh ! oui. — Ta communion ? — Je l'ai faite l'an passé. — Et où vas-tu ? — Mes parents moissonnent, nous sommes pressés ; je m'en vais à la plaine, derrière la colline. —

Et l'enfant tourna rond parmi les jeunes pins..... — O Beauté, comme il faut que tu sois puissante, pour avoir, un petit moment, de mon cœur, de ma vie amoureuse ôté le fiel !

XVIII

> Senher, de Diéu sui esposa,
> Qu'iéu no vuelh autre senhor.
> Jan Estève.

ESCRI SUS LA PARET D'UNO CHAMBRO
DOU CASTÉU DE FONT-CLARETO.

O chambreto, chambreto,
Sies pichoto, segur, mai que de souveni !
Quand passe toun lindau, me disc : — Van veni ! —
Me sèmblo de vous vèire, o bèlli jouveineto,
Tu, pauro Julia, tu, pecaire ! Zani.
      E pamens, es feni !
Dins aquelo chambreto, ah ! vendrés plus dourmi !
O Julia, sies morto ! o Zani, sies mounjeto !

XVIII

> Seigneur, de Dieu je suis épouse ;
> je ne veux pas d'autre seigneur.
> JEAN ESTÈVE.

ÉCRIT SUR LE MUR D'UNE CHAMBRE,
AU CHATEAU DE FONT-CLARETTE.

O chambrette, chambrette, tu es petite assurément, mais que de souvenirs ! Quand je passe le seuil de ta porte, je me dis : — Elles vont venir ! — Il me semble vous voir, ô belles jouvencelles, toi, pauvre Julia ! toi, hélas ! Zani.

Et pourtant, c'est fini ! dans cette petite chambre, ah ! vous ne viendrez plus dormir ! Tu es morte, ô Julia ! ô Zani, tu es nonne !

XIX

Tots jorns veiretz que val mens huei que iĕr.

BERTRAND DE BORN.

Vole pas treboula ta vido,
Iéu t'ame e lou saupras jamai ;
Dempièi tres an que sies partido,
T'ai plus revisto qu'en pantai.
Ah ! mis iue, ma bouco, moun rire,
Cènt cop aurien pouscu te dire : —
T'ame ! t'ame ! — Quente martire !
Enamoura coume un perdu,
Moun cor gounfle a tout escoundu !

XIX

> Tous les jours vous verrez que vaut moins
> aujourd'hui qu'hier.
>   BERTRAND DE BORN.

Je ne veux pas troubler ta vie, je t'aime et tu ne le sauras jamais ; depuis trois ans que tu es partie, je ne t'ai plus revue qu'en songe. Ah ! mes yeux, ma bouche, mon sourire, auraient pu te dire cent fois : — Je t'aime ! je t'aime ! — Quel martyre ! éperdument énamouré, mon cœur si plein a tout caché !

Dóu mounastié durbès li porto,
O mounjeto, iéu vole intra;
Durbès-lèi! moun amo es proun forto
Pèr la vèire sènso ploura.
Souto ta couifo à blànquis alo,
Enca mai bruno, enca mai palo,
Èi bèn tu que, dins la grand salo,
Coume l'Ange de l'espitau,
Passes au mitan di malaut.

Li malaut te dison: — Ma sorre! —
Acò lis ajudo à soufri;
E quand vèn l'ouro que fai orre,
Quand vèn l'ouro que fau mouri,
D'aquéli gauto meigrinello,
E d'aquéli pàuri parpello
Que saran plus regardarello,
Douçamen eissugues li plour
E lis amàri tressusour.

O jouvènto, nosto mióugrano
A 'scampa si gran de courau...
Ah! s'ère Mistrau de Maiano,
S'aviéu lou pitre de Mistrau!
Se de Martin, de Roumaniho,
Aviéu lou gàubi, l'armounio,
Metriéu toun noum en letanio!
Iéu cante coume cante, mai
Es pièi iéu que t'ame lou mai!

Du monastère ouvrez les portes, ô nonnes, je veux entrer ; ouvrez-les ! mon âme est assez forte pour la voir sans pleurer. Sous ta coiffe aux blanches ailes, encore plus brune, plus pâle encore, c'est bien toi qui, dans la grande salle, comme l'Ange de l'hôpital, passes au milieu des malades.

Les malades te disent : — Ma sœur ! — Cela les aide en leurs souffrances ; et quand vient l'heure qui épouvante, quand vient l'heure où il faut mourir, de ces joues amaigries, et de ces pauvres paupières qui n'auront plus de regard, doucement tu essuies les pleurs et les amères sueurs glacées.

O jouvencelle, notre grenade a épanché ses grains de corail..... Ah ! si j'étais Mistral de Maillane, si j'avais la poitrine de Mistral ! si de Martin, de Roumanille, j'avais l'art savant, l'harmonie, je mettrais en litanies ton nom ! Moi je chante comme je chante, mais c'est encore moi qui t'aime le plus !

Oh ! te béuriéu dedins un vèire ,
Te rousigariéu de poutoun ,
E passariéu, rèn qu'à te vèire ,
Touto ma vido à ti geinoun !
De liuen , de près , o femo, femo ,
Saras tout pèr iéu ! mi lagremo
Fan qu'abrasa moun cor que cremo ,
E de soufri siéu jamai las ,
E moun tourment èi moun soulas.

Pamens , manco pas de chatouno ,
D'àutri chato , n'en manco pas !
Bloundo , bruneto e galantouno ,
Qu'entre li vèire , lis amas.
Oh ! pèr lou cor queto chabènço
Qu'aquesto terro de Prouvènço
Pleno d'amour e de jouvènço ,
Pleno de flour , pleno de nis ,
Terro de Diéu , o paradis !

Iéu n'en sabe uno au païs d'Arle ,
Uno que dirai pas soun noum ;
Anes pas crèire , se n'en parle ,
Que n'en fugue amourous , oh ! noun !
Mai sa bouqueto èi tant risènto ,
Mai sa caro es tant innoucènto ,
Mai touto , touto es tant plasènto ,
Que de soun biais enfantouli ,
Ve ! sènso tu , n'ère afouli !

Oh ! je te boirais dans un verre d'eau, je te dévorerais de baisers, et passerais à te contempler ma vie entière à tes genoux ! De loin, de près, ô femme, femme, tu seras tout pour moi ! mes larmes ne font qu'attiser mon cœur qui brûle, et de souffrir je ne suis jamais las, et ma torture est mon soulagement.

Pourtant, ne manquent pas, les fillettes ; d'autres fillettes il ne manque pas ! blondes, brunes et gracieuses, qu'on aime dès qu'on les voit. Oh ! quelle chevance pour le cœur que cette terre de Provence, pleine d'amour et de jeunesse, pleine de nids, pleine de fleurs, terre de Dieu, ô paradis !

J'en sais une au pays d'Arles, une que je ne veux pas nommer. Ne va pas croire, si je parle d'elle, que j'en sois amoureux, oh ! non ! Mais sa petite bouche est si riante, mais son visage est si candide, mais toute, toute elle est si aimable, que de ses grâces enfantines, sans toi, vois-tu, je m'affolais !

Ai ! paure ièu , paure pelegre !
Responde , amigo, à toun ami :
De-qu'èi qu'as fa de ti péu negre ?
De-qu'èi qu'as fa , douço Zani ,
D'aquelo raubo tant amado
Qu'aviés, la primo matinado
Que te veguère ? Oh ! queto annado !...
E lou cor a tout estoufa ,
E lou tèms a tout escafa.

Nàni ! lou calèu que se boufo
Toujour fumo encaro un brisoun ,
E l'amour que lou cor estoufo
Sèmpre couvo dins un cantoun.
Vai ! s'as plus lou meme abihage ,
As toujour lou meme visage ,
Lou meme cor ; dedins si viage
Lou tèms viro e n'escafo rèn :
Siéu toujour lou meme jouvènt.

Veici l'estiéu , li niue soun claro ;
A Castèu-Nòu lou vèspre èi bèu ;
Dedins li bos, la luno encaro
Mounto, la niue, sus Camp-Cabèu.
T'ensouvèn ? dins li clapeirolo,
Emé ta fàci d'espagnolo,
De quand courriés coume uno folo ,
De quand courrian coume de fòu ,
Au plus sourne , e pièi qu'avian pòu ?

Ah ! pauvre moi, pauvre âme errante ! Réponds, amie, à ton ami : qu'as-tu fait de tes cheveux noirs ? qu'as-tu fait, douce Zani, de la robe si aimée que tu portais le premier matin que je te vis ? Oh ! quelle année ! Et le cœur a tout étouffé, et le temps a tout effacé !

Non ! la lampe qu'un souffle éteint, fume toujours encore un peu, et l'amour que le cœur étouffe couve toujours en un recoin. Va ! si tu n'as plus le même vêtement, tu as toujours même visage, même cœur ; dans sa marche le temps retourne et n'efface rien : je suis toujours le même jeune homme.

Voici l'été, les nuits sont claires ; à Château-Neuf, le soir est beau ; dans les bois, la lune encore monte, la nuit, sur Camp-Cabel. T'en souvient-il ? dans les pierrées, avec ta tête d'espagnole, quand tu courais comme une folle, quand nous courions comme des fous au plus sombre, et que puis nous avions peur !

E, pèr ta taio mistoulino,
Iéu t'agantave, e qu'èro dous !
Au canta de la sóuvagino,
Dansavian alor tóuti dous :
Grihet, roussignòu e reineto
Disien tóuti si cansouneto ;
Tu, i' apoundiés ta voues clareto...
O bello amigo, aro, ounte soun
Tant de brande e tant de cansoun ?

A la fin, pameus, las de courre,
Las de rire, las de dansa,
S'assetavian souto li roure,
Un moumenet, pèr se pausa ;
Toun long péu que se destrenavo,
Moun amourouso man amavo
De lou rejougne, e tu, tant bravo,
Me leissaves faire, plan-plan,
Coume uno maire soun enfant.

Oh ! per-de-que tout èi coume èro,
Aro, moun Diéu, qu'elo i'èi plu !
Per-de-que sies tant verdo, o terro ?
O cèu, per-de-que sies tant blu ?
Terro e cèu, perqué sias en fèsto ?
E perqué, se lève la tèsto,
Tant de bonur enca me rèsto,
Quand iéu te vese, o sant soulèu,
Que sies tant caud, tant rous, tant bèu !

Et, par ta taille délicate, je te prenais, et que c'était doux ! Au chœur des petites bêtes des bois, nous dansions alors tous les deux : grillons, rainettes et rossignols disaient toutes leurs chansonnettes ; toi, tu y mêlais ta voix claire... O belle amie, où sont, maintenant, tant de rondes et de chansons ?

A la fin, cependant, las de courir, las de danser, las de rire, nous nous asseyions sous les chênes, un petit moment, pour nous reposer ; ta longue chevelure qui se détressait, mon amoureuse main aimait à l'arranger de nouveau, et toi, si bonne, doucement tu me laissais faire, comme une mère son enfant.

Oh ! pourquoi donc tout est-il comme par le passé, mon Dieu, maintenant qu'elle n'est plus ici ! Pourquoi es-tu si verte, ô terre ? ô ciel, pourquoi es-tu si bleu ? Terre et ciel, pourquoi êtes-vous en fête ? Et pourquoi, si je lève mon front, tant de bonheur me reste-t-il encore, quand je te vois, ô saint soleil, si ardent, si roux, si beau !

O flour, perqué sias espelido,
Dins li camin, e tout-de-long?
O flour, perqué sias tant poulido?
Per-de-que cascaias, o font?
Perqué tant de fucio? La branco
Souto la ramo s'espalanco...
O nèu d'ivèr, nèu frejo e blanco,
Poudiés pas, souto toun lançòu,
Teni sèmpre la terro en dòu!

Perqué cantas coume d'ourgueno,
Aucèu, dins lis aubre voulant?
I'a plus de serp, plus d'alabreno,
Adounc, i'a plus ges d'escoulan?
Mai, adounc, mounte èi lou cassaire
Emé si chin, si chin bouscaire,
Que fan lou fur coume de laire?
Mounte èi l'ome emé soun fusiéu
Pèr tia li bèstio dóu bon Diéu?

Pleno dóu prefum di vióuleto,
Dóu fres dóu sero, d'ounte vèn
Que boufas sèmpre, auro mouleto,
Auro d'amour e de printèm?
Luno, perqué sies clarinello?
Amoussas-vous tóuti, estello!
Perqué fasès la niue tant bello?
O bèn, amoussas-vous, mis iue,
E veirai plus tant bello niue!

O fleurs, pourquoi êtes-vous écloses, le long de tous les chemins? Pourquoi, ô fleurs, êtes-vous si jolies? Pourquoi murmurez-vous, ô sources? Pourquoi tant de feuilles? La branche ploie sous la ramée... O neige d'hiver, neige froide et blanche, ne pouvais-tu, sous ton linceul, tenir la terre en deuil, toujours !

Pourquoi chantez-vous comme des orgues, oiseaux qui volez dans les arbres? Il n'y a donc plus de serpents, plus de salamandres? il n'y a donc plus d'écoliers ? Mais où donc est le chasseur, avec ses chiens, ses ardents limiers qui fouillent (les taillis) comme des larrons? où est l'homme avec son fusil, pour tuer les bêtes du bon Dieu ?

Pleines du parfum des violettes, de la fraîcheur du soir, d'où vient que vous soufflez toujours, brises suaves, brises d'amour et de printemps? Lune, pourquoi es-tu si claire? éteignez-vous toutes, étoiles ! Pourquoi faites-vous la nuit si belle? Ou bien, éteignez-vous, mes yeux, et je ne verrai plus si belle nuit !

Moun Diéu ! s'au mens dins la memòri,
Aquéu çamentèri dóu cor,
Quand l'amour èi plus 'qu'uno istòri,
Tout èro mort, oh! mai, bèn mort !...
Vanamen l'ouro coucho l'ouro,
Noun ! toujour quaucarèn s'aubouro
D'aquéu passat que lou cor plouro,
Noun ! toujour quaucarèn reviéu,
E vous rousigo tóuti viéu !

Mon Dieu ! si, au moins, dans le souvenir, — ce cimetière du cœur, — quand l'amour n'est plus qu'une histoire, tout était mort, oh ! mais bien mort !... Vainement, l'heure chasse l'heure, non ! toujours quelque chose s'élève, de ce passé que le cœur pleure ; non ! toujours quelque chose revit et vous ronge tout vivant !

XX

> L'autrièr, quand mos cors sentia
> Mant' amorosa dolor,
> Anav' enquerènt la flor
> D'ont podi' esser garitz...
> BERTOLOME ZORGI.

La femo se giblo e s'aubouro,
Coupant li grand mato de jounc;
Un pau pu liuen, l'ome labouro,
E lou chin gardo l'enfantoun.

Dessus lou faudau que la maire
Avié leissa dins lou jounquié,
L'enfant, virado un pau de caire
E la tèsto à rèire, dourmié.

XX

> L'autre jour, quand mon cœur sentait mainte amoureuse douleur, j'allais cherchant la fleur qui pouvait me guérir...
>
> BERTOLOME ZORGI.

La femme se courbe et se dresse, coupant les grandes touffes de jonc ; un peu plus loin, l'homme laboure, et le chien garde l'enfant.

Sur le tablier que la mère avait laissé dans la jonchaie, l'enfant, tournée à demi sur le flanc, et la tête en arrière, dormait.

Touto roso e bloundo e frisado,
Uno man dins si long frisoun,
La douço enfant dourmié, bressado
De l'aureto e de si cansoun.

Li grands aubre, coume uno plueio,
Li grands aubre plen de soulèu,
Leissèron toumba de si fueio
L'oumbriho d'aquéu fres tablèu.

Dor, innoucènto e mita-nuso :
Pèr l'espincha, gai e courriòu,
Li lesert e li lagramuso
Vènon sèns brut dins lou draiòu.

Li parpaioun, que sis aleto
Volon à touto flour de champ,
Li parpaioun an fa pauseto
Pèr vèire aquelo urouso enfant.

Iéu que passave dins la draio,
M'aplantère tout pensatiéu,
E diguère : — De que pantaio,
Pèr èstre tant bello, moun Diéu ?

O som, bono som de l'enfanço,
Bono som, perqué n'as qu'un tèm ?
Dins l'amour, dins la malauranço,
A l'ome fariés tant de bèn !

Toute rose et blonde et bouclée, une main dans ses longues boucles, la douce enfant dormait, bercée par le zéphir et ses chansons.

Les grands arbres, comme une pluie, les grands arbres pleins de soleil, laissèrent tomber de leurs feuilles la pénombre de ce frais tableau.

Elle dort, innocente et demi-nue : pour l'épier, gais et coureurs, les lézards verts et les lézards gris viennent sans bruit dans le sentier.

Les papillons, dont les ailes volent à toute fleur champêtre, les papillons se sont posés pour voir cette heureuse enfant.

Moi qui passais dans le chemin, je m'arrêtai tout pensif, et je dis : — De quoi rêve-t-elle, pour être belle ainsi, mon Dieu ?

O sommeil, bon sommeil de l'enfance, bon sommeil, pourquoi n'as-tu qu'un temps ? Dans l'amour, dans l'infortune, à l'homme tu ferais tant de bien !

Bèu som que ièu pode plus faire !...
Oh ! que vourriéu redeveni
Pichot enfant emé ma maire !
Oh ! que vourriéu ansin dourmi !

Beaux sommes que je ne puis plus faire !... Oh ! que je voudrais redevenir petit enfant avec ma mère ! Oh ! que je voudrais dormir ainsi !

XXI

> Quand la douss' aura vènta
> De vès nostre païs,
> M' es vejaire qu'iéu sènta
> Odor de paradis,
> Pèr amor de la gènta
> Vès cui iéu son aclis.
> BERNAT DE VENTADOUR.

O venerablo Roumo, emé ti palais rous,
Emé toun souleias qu'emplis ti grand carriero.
Emé toun pople gai, ti femo fenestriero,
Tant bello que fan gau, iéu rèste malurous.

Ai escala, soulet, la colono Trajano :
D'aqui lou Quirinau, d'eici lou Vatican,
Li verd jardin dóu Papo, e, coume un long riban,
Jaune, souto li pont, lou Tibre se debano,

XXI

> Quand la douce brise souffle du côté de notre pays, il me semble sentir odeur de paradis, à cause de l'amie charmante vers qui s'incline mon amour.
>
> Bernard de Ventadour.

O vénérable Rome, avec tes palais roux, avec ton grand soleil qui emplit tes grandes rues, avec ton peuple gai, tes femmes qui se montrent aux fenêtres, si belles qu'elles font envie, je reste malheureux !

J'ai gravi seul la colonne Trajane : de là le Quirinal, d'ici le Vatican, les verts jardins du Pape, et, comme un long ruban, le Tibre jaune qui sous les ponts se déroule.

Enaurant sa coupolo inmènso entre li pin,
Vè ! coume uno mountagno, eilà, lou grand Sant-Pèire...
Sant-Pèire d'Avignoun, oh ! que vourriéu te vèire
Din lis aubre espeli 'mé toun clóuchié loungin ! —

Pièi, 'mé si roumio antico e sis engrau ferouge
E si queiroun crema, li vièi bàrri rouman ;
E li grands arc bessoun, que se donon la man,
Dóu vaste Coulisèu, basti de patòu rouge.

E toujour quaucarèn me retrais lou païs :
O Coulisèu, pèr iéu, sies lis Areno d'Arle ;
E tu que ploure tant, tu de quau toujour parle,
Soulo, au mièi d'aquéu pople, amigo, t'ai pas vist !

Pu liuen, dins lou trescamp sóuvage que s'alargo
De la Porto Latino à la Porto Sant-Pau,
Aurouge e banaru, negre e libre, li brau
Barrulon à troupèu coume dins la Camargo.

Iéu, cresiéu d'óublida ! — Sus la terro, sus mar,
Cresiéu leissa 'n camin quaucarèn de ma peno :
Es lou tèms que s'envai, ma vido que s'abeno,
E moun cor es toujour plus triste e plus amar !

Élevant sa coupole immense entre les pins, voyez, tel qu'une montagne, là-bas, le grand Saint-Pierre... Saint-Pierre d'Avignon, oh ! que je voudrais te voir éclore dans les arbres avec ton clocher effilé ! —

Puis, avec leurs ronces antiques et leurs brèches farouches et leurs quartiers de pierre brûlés par l'incendie, les vieux remparts de Rome ; et, se donnant la main, les grands arcs jumeaux du vaste Colysée bâti de briques rouges.

Et toujours quelque chose me rappelle le pays ! Tu es pour moi, ô Colysée, les Arènes d'Arles ; et toi, que je pleure tant, toi dont je parle sans cesse, seule, au milieu de ce peuple, amie, je ne t'ai pas vue !

Plus loin, dans la lande sauvage qui se répand de la Porte Latine à la Porte Saint-Paul, ombrageux et cornus, noirs et libres, les taureaux errent par troupes, comme dans la Camargue.

Je croyais oublier ! — Sur la terre, sur mer, je croyais laisser en route quelque chose de ma peine : c'est le temps qui s'en va, ma vie qui s'use, et mon cœur est toujours plus triste et plus amer !

XXII

> Las! qu'iéu d'amor non ai conquist
> Mas las treballias e l'afan.
> CERCAMOUN.

De-que vos, moun cor, de qu'as fam?
Oh! de-qu'as, que toujour crides coume un enfant?

Coume un enfant crides e ploures,
Coume un enfant qu'an desmama;
Paure cor d'amour afama,
Après lou bonur courres, courres...

XXII

> Hélas ! de l'amour je n'ai conquis
> que les tribulations et la peine.
> CERCAMON.

Que veux-tu, mon cœur, quelle faim te tourmente ? Oh ! qu'as-tu, pour crier toujours comme un enfant ?

Comme un enfant, tu cries et pleures, comme un enfant qu'on a sevré ; pauvre cœur d'amour affamé, après le bonheur tu cours, tu cours...

De-que vos, moun cor, de qu'as fam?
Oh! de-qu'as, que toujour crides coume un enfant?

Vourriés, quauco part dins lou mounde,
Em' elo, bèn liuen, t'enana,
E t'escoundre e plus t'entourna;
Car lou bonur, fau que s'escounde!

De-que vos, moun cor, de qu'as fam?
Oh! de-qu'as, que toujour crides coume un enfant?

Sus lou papié liogo d'escriéure,
Vourriés dire ce qu'as pas di;
Vourriés..... Rèn que soun souveni
Te fai mouri e te fai viéure.

De-que vos, moun cor, de qu'as fam?
Oh! de-qu'as, que toujour crides coume un enfant?

Vourriés douço e lòngui brassado,
E poutouna, fin qu'à deman,
Soun poulit front, sa jouino man,
Si man de ti plour arrousado.

De-que vos, moun cor, de qu'as fam?
Oh! de-qu'as, que toujour crides coume un enfant?

O Bèuta! pan de la jouinesso,
O pan goustous, o bèu pan blanc,
Pan que se manjo en tremoulant,
Pan de l'amour, pan di caresso!...

Que veux-tu, mon cœur, quelle faim te tourmente? Oh! qu'as-tu, pour crier toujours comme un enfant?

Tu voudrais, quelque part dans le monde, avec elle, bien loin t'en aller, et te cacher, et ne plus revenir ; car le bonheur, il faut qu'il se cache !

Que veux-tu, mon cœur, quelle faim te tourmente? Oh! qu'as-tu, pour crier toujours comme un enfant?

Au lieu d'écrire sur le papier, tu voudrais dire ce que tu n'as pas dit ; tu voudrais..... Rien que sa souvenance te fait mourir et te fait vivre.

Que veux-tu, mon cœur, quelle faim te tourmente? Oh! qu'as-tu, pour crier toujours comme un enfant !

Tu voudrais doux et longs embrassements, et, jusqu'à demain, couvrir de baisers son front charmant, sa jeune main, ses mains arrosées de tes pleurs.

Que veux-tu, mon cœur, quelle faim te tourmente? Oh! qu'as-tu, pour crier toujours comme un enfant?

O Beauté, pain de la jeunesse, ô pain savoureux, beau pain blanc, ô pain qu'en tremblant l'on mange, pain de l'amour, pain des caresses !...

De-que vos, moun cor, de qu'as fam ?
Oh ! de-qu'as, que toujour crides coume un enfant ?

E pièi, que sariés mai ? — La maire
Brèsso l'enfant sus si geinoun,
E lou devouris de poutoun,
E si poutoun soun counsoulaire.

De-que vos, moun cor, de qu'as fam ?
Oh ! de-qu'as, que toujour crides coume un enfant ?

Mai l'amour, l'amour, rèn l'assolo !
A toujour fam, a toujour set ;
Sèmpre brulant, a toujour fre ;
Toujour trefoulis e tremolo.

De-que vos, moun cor, de qu'as fam ?
Oh ! de-qu'as, que toujour crides coume un enfant ?

N'i'en a que s'envan, plen de croio,
Vers l'amour, pèr s'en reveni
Tant triste que vous fan ferni,
Éli que cercavon la joio.

De-que vos, moun cor, de qu'as fam ?
Oh ! de-qu'as, que toujour crides coume un enfant ?

Vai ! li caresso de la femo
Soun bono que pèr lis enfant ;
Quand sias ome, que mau vous fan !
Dins si poutoun, que de lagremo !

Que veux-tu, mon cœur, quelle faim te tourmente? Oh! qu'as-tu, pour crier toujours comme un enfant?

Et puis que serais-tu de plus? — La mère berce l'enfant sur ses genoux, et le dévore de baisers, et ses baisers sont consolateurs.

Que veux-tu, mon cœur, quelle faim te tourmente? Oh! qu'as-tu, pour crier toujours comme un enfant?

Mais l'amour, l'amour, rien ne l'apaise! Il a toujours faim, il a toujours soif; toujours brûlant, il est toujours glacé; toujours il tressaille et frissonne.

Que veux-tu, mon cœur, quelle faim te tourmente? Oh! qu'as-tu, pour crier toujours comme un enfant?

Il en est qui s'en vont, pleins de présomption, vers l'amour, et s'en reviennent si tristes qu'ils vous font frémir, eux qui cherchaient la joie!

Que veux-tu, mon cœur, quelle faim te tourmente? Oh! qu'as-tu, pour crier toujours comme un enfant?

Va! les caresses de la femme ne sont bonnes que pour les enfants; quand on est homme, quel mal elles vous font! dans leurs baisers que de larmes!

De-que vos, moun cor, de qu'as fam?
Oh! de-qu'as, que toujour crides coume un enfant?

Li mai roso devènon palo,
Dins l'amour e sis estrambord;
S'afemelisson li plus fort,
E i'a de brassado mourtalo.

De-que vos, moun cor, de qu'as fam?
Oh! de-qu'as, que toujour crides coume un enfant?

De-qu'èi que te lagnes encaro?
Ah! se l'amour e la bèuta
Noun donon la felecita,
Moun Diéu! que noun moun cor se barro?

Tas-te! paure cor, de qu'as fam?
Perqué, toujour, perqué crida coume un enfant?

Que veux-tu, mon cœur, quelle faim te tourmente? Oh! qu'as-tu, pour crier toujours comme un enfant?

Les plus roses deviennent pâles, dans l'amour et ses délires; ils s'efféminent, les plus forts, et il est des étreintes mortelles!

Que veux-tu, mon cœur, quelle faim te tourmente? Oh! qu'as-tu, pour crier toujours comme un enfant?

Qu'as-tu à te plaindre encore?... Ah! si l'amour et la beauté ne donnent pas le bonheur, mon Dieu! que mon cœur ne se ferme-t-il?

Tais-toi, pauvre cœur, quelle faim te tourmente? Pourquoi, toujours, pourquoi crier comme un enfant?

XXIII

> Diéus! qual enuech
> Mi fai la nuech!
> Perqu' iéu desir l'alba.
> Uc de la Bacalarié.

Dins lis Uba de Luro, estrange e négri moure
S'aubourant souvertous comme li gràndi tourre
D'un castelas maudi; dins li ro, li sapin
Que l'encenturon, iéu escalave, un matin.
Di draiòu trapeja sèmpre iéu me destourne,
E m'esmarre, de-fes, dins d'esmarradou sourne.

XXIII

> Dieu! quel ennui — la nuit
> me cause! — aussi je désire
> l'aurore.
>
> Hugues de la Bacalerie.

Dans le Septentrion de Lure *, pics étranges et noirs, qui se dressent sourcilleux comme les grandes tours d'un vieux château maudit; dans les rocs, les sapins qui l'enceignent, je grimpais un matin. Moi toujours des sentiers foulés je me détourne, et, parfois, je m'égare en de sombres dédales.

* Montagne de la Haute-Provence

Caminère longtèms, longtèms souto li frai,
Li liéu, e li sapin, e li faiard ; l'esfrai
Me moustravo souvènt, dintre li racinage
Que rebalon lou sòu, bistort, gris e sóuvage,
De serp qu'ausiéu sibla. Pamens, tout èro mut ;
Ni vòu, ni crid d'aucèu dins l'aubrage ramu ;
Rèn que moun pas, plan-plan, sus lou rambuei di fueio,
Que fasié 'n caminant un brut coume la plueio ;
E pièi, de tèms en tèms, quauque grand aubre mort,
En travès dóu camin, jasié. — Pas dóu Mau-Cor,
Vai, t'an bèn bateja ! — Ro, fourèst, trevaresso
Mai pleno d'espravant, mai pleno d'amaresso,
N'en sabe ges : l'oumbrun qu'embarro de pertout ;
S'alignant sènso fin, s'aloungant sènso bout,
Aquéli négri trounc taca de mousso blanco,
E coume de grand bras tóuti li gràndi branco !...
Ère las, ère mort, aviéu fre, fam, e pòu.
Subran un rusclé d'or toumbo sus lou draiòu ;
L'orro fourèst se duerb, lou gai soulèu enflamo
La terro, tant que l'iue vèi peralin..... E, l'amo
Lusènto de bonur, toumbère d'à geinoun.

Dins la sourno fourèst de ma doulour, ah ! noun,
I'a pas un escabour, pas un rai que clarejo !
Ma niue n'èi pas proun negro, encaro, èi pas proun frejo ?
Siéu tant las, o moun Diéu ! Pamens, courreiriéu lèu....
— Mounte i'a lou bonur ? mounte i'a lou soulèu ?

Je cheminai longtemps, longtemps sous les frênes, les ifs et les sapins et les hêtres ; l'effroi me faisait voir souvent, entre les racines qui rampent sur la terre, tortueuses, grises, sauvages, des serpents que j'entendais siffler. Tout, cependant, était muet ; ni vol, ni cri d'oiseau dans le massif rameux ; rien que mon pas qui, lentement, sur le ramassis des feuilles, faisait, en cheminant, un bruit comme la pluie ; et puis, de temps à autre, quelque grand arbre mort, en travers du chemin, gisait. — Pas du Mal-Cor, va ! l'on t'a bien nommé ! De rocs, de forêts, de déserts, plus remplis d'épouvante, plus remplis d'amertume, je n'en sais point ; l'ombre qui enveloppe de partout ; s'alignant interminables, s'allongeant inaccessibles, ces troncs noirs tachés de blanches mousses, et comme de grands bras toutes les grandes branches !...

J'étais las, j'étais mort, j'avais froid, faim et peur. Soudain une averse d'or tombe sur le sentier ; l'horrible forêt s'ouvre, le gai soleil enflamme la terre, au loin, à perte de vue..... Et, l'âme luisante de bonheur, je tombai à genoux !

Dans la sombre forêt de ma douleur, ah ! non ! il n'y a pas un crépuscule, pas un rayon qui brille ! Ma nuit n'est-elle pas assez noire encore ? n'est-elle pas assez froide ? Je suis si las, ô mon Dieu ! Pourtant, je courrais vite....
— Où est le bonheur ? où est le soleil ?

XXIV

> Planh sobre planh ! dolor sobre dolor !
> (*Martiroulògi de la Glèiso de-z-Ais.*)

I'a longtèms que moun cor acampo, —
Tant de fueio an toumba qu'escoundon li camin ; —
    I'a longtèms que moun cor acampo,
I'a longtèms que moun cor acampo un grand charpin ;
    I'a longtèms que moun cor acampo, —
Rèsto plus dins li bos que li brancage mort ; —
    I'a longtèms que moun cor acampo
Lou charpin de l'amour, e qu'espère la Mort :
    La Mort, davans iéu, toujour lampo !

XXIV

> Plainte sur plainte ! douleur sur douleur !
> (*Martyrologe de l'Église d'Aix*).

Voilà longtemps que mon cœur accumule, — tant de feuilles sont tombées qu'elles cachent les chemins ; — voilà longtemps que mon cœur accumule, voilà longtemps que mon cœur accumule un grand mal-être ; voilà longtemps que mon cœur accumule, — il ne reste plus dans les bois que les ramures mortes ; — voilà longtemps que mon cœur accumule le mal-être de l'amour, et que j'attends la Mort : la Mort, devant moi, toujours fuit !

XXV

> Quia sine dolore non vivitur
> in amore.
> (*De Imitatione Christi*, lib. III. cap. V.)

Ah ! dis amour d'aqueste mounde,
N'ai proun, o moun Diéu, coume acò ;
Ah ! de l'amour ai moun abounde,
E pamens n'ai ama qu'un cop !

E moun amour rèn n'esperavo :
E, de-longo, èro un mes de Mai
Pèr moun cor tèndre, que n'amavo
Que pèr ama, 'm' acò pas mai !

XXV

> Parce qu'on ne vit point sans douleur
> dans l'amour.
>
> (*L'Imitation de Jésus-Christ*, liv. III. ch. v.)

Ah ! des amours de ce monde, j'en ai assez, ô mon Dieu, comme cela ; ah ! de l'amour j'ai ma satiété, et pourtant je n'ai aimé qu'une fois !

Et mon amour était sans espérance, et c'était un mois de mai sans fin, pour mon cœur tendre qui n'aimait que pour aimer, et pas davantage !

G.

Lou vènt que buto la pinello
Meno au port o meno à l'estèu ;
Avèn pas tóuti memo estello,
S'avèn tóuti meme soulèu.

N'i'a qu'an toujour la mar aplano,
L'auro abaucado e lou tèms siau ;
N'i'a qu'an lis erso e la chavano,
N'i'a qu'an li tron e lis uiau.

Quau l'aurié di, ma chatouneto,
O pauro enfant, quau l'aurié di,
Qu'acò sarié nosto planeto,
Iéu de t'ama, tu de parti !

Oh ! perqué te sies envoulado,
Peralin dins un mounastié ?
De-qu'èi que t'avié treboulado ?
De-qu'èi que lou cor te disié ?

Perqué, peréu, t'ai vist tant bello ?
Perqué, tant bono, un jour d'estiéu,
M'enmasca, bruno vierginello,
Emé ti grands iue pensatiéu ?

Pamens trevave pas li damo ;
Viviéu tranquile e sournaru :
Digo, perqu'èi qu'as pres moun amo,
E l'as empourtado emé tu ?

Le vent qui pousse la barque conduit au port ou conduit à l'écueil ; nous n'avons pas tous même étoile, si nous avons tous même soleil.

Il en est qui ont toujours la mer plane, le vent apaisé et le temps calme ; il en est qui ont les vagues et les orages, qui ont les tonnerres et les éclairs.

Qui l'aurait dit, ma jeune fille, ô pauvre enfant, qui l'aurait dit, que ce serait là notre *planète*, moi de t'aimer, toi de partir !

Oh ! pourquoi t'es-tu envolée si loin dans un monastère ? Qu'est-ce donc qui t'avait troublée ? que te disait ton cœur ?

Pourquoi aussi t'ai-je vue si belle ? Pourquoi, si bonne, un jour d'été, m'ensorceler, ô brune vierge, avec tes grands yeux pensifs ?

Pourtant, je ne hantais pas les dames, je vivais tranquille et sombre ; réponds, pourquoi m'as-tu pris mon âme, et l'as-tu emportée avec toi ?

Aro, se rescontre, pèr viage,
Quaucun que te sèmble un brisoun,
Dins soun biais, dins soun abihage,
Iéu la seguisse d'escoundoun.

Sus si piado camine e ploure;
E, quand la chatouno a passa : —
O moun bonur, perqué t'encourre,
Ie cride, perqué me leissa?

De tant de jo, de tant de fèsto,
De tant de jour, mi pu bèu jour,
De moun printèms de-que me rèsto ?
Rèn que lou lassige e li plour !

La vido es ansin : ome, femo,
Fau sèmpre, fau touti soufri,
E paga, pèr forço lagremo,
Un pau de joio, e pièi mouri !

Ah ! dempièi l'amaro partènço,
Que fara sèmpre ma doulour,
Ai pas proun paga ma jouvènço ?
Ai pas proun paga moun amour ?

La joio, tant douço e tant forto,
De la vèire un matin, moun Diéu,
L'ai pas proun pagado ? — Sies morto,
Oh ! sies mai que morto pèr iéu !

Maintenant, si j'en rencontre, par chemin, quelqu'une qui te ressemble un peu, dans ses manières ou dans ses vêtements, moi, je la suis en cachette.

Sur ses traces, je marche et je pleure ; et quand a passé l'adolescente : — O mon bonheur, pourquoi t'enfuir, lui crié-je, pourquoi me délaisser ?

De tant de jeux, de tant de fêtes, de tant de jours, mes plus beaux jours, de mon printemps, que me reste-t-il ? Rien que la lassitude et les pleurs !

La vie est ainsi : homme, femme, il faut toujours, il faut tous souffrir, et payer de beaucoup de larmes un peu de joie, et puis mourir !

Ah ! depuis le départ amer qui fera toujours ma douleur, n'ai-je pas assez payé ma jeunesse ? n'ai-je pas assez payé mon amour ?

La joie, si forte et si douce, de l'avoir vue un matin, mon Dieu ! ne l'ai-je pas assez payée ?... Tu es morte, oh ! tu es plus que morte pour moi !

E vène maigre, e me transisse,
E ma sorre me dis : — De-qu'as ? —
Res pòu saupre ce que soufrisse....
O Segnour, baias-me la pas!

Un pau de pas que me restaure,
La pas, la pas que m'a quita!
Coume un vèire d'aigo à-n-un paure,
Fasès-me-n'en la carita!

I'a qu'uno joio vertadiero
En aquest mounde tant catiéu,
Mai aquelo èi sènso pariero :
La joio de t'ama, moun Diéu!

Et je maigris et me consume, et ma sœur me dit : — Qu'as-tu ? — Nul ne peut savoir ce que je souffre.... O Seigneur, donnez-moi la paix !

Un peu de paix qui me restaure, la paix, la paix qui m'a quitté ! Comme un verre d'eau à un pauvre, faites-m'en la charité !

Il n'est qu'une joie véritable, en ce monde si mauvais, mais celle-là est sans pareille : la joie de t'aimer, mon Dieu !

II

L'ENTRELUSIDO

L'ENTRE-LUEUR

A WILLIAM C. B. WYSE

DE WATERFORD (IRLANDO)

Ami, la pouesio es coume lou soulèu :
Trelusis sus lou mounde, e l'escaufo, e fai viéure ;
Dins tóuti li païs, tóuti podon lou béure,
Aquéu soulèu di jouine, e di fort e di bèu.

Urous quau ie saup courre, urous quau lou saup vèire !
Trelusis pas toujour, tambèn a soun tremount.
Aquelo pluejo d'or, quand toumbo d'eilamount,
Coume à-n-un vin de Diéu fau ie pourgi soun vèire.

A WILLIAM C. B. WYSE

DE WATERFORD (IRLANDE)

Ami, la poésie est comme le soleil : elle resplendit sur le monde, et l'échauffe, et le fait vivre ; dans tous les pays, tous peuvent le boire, ce soleil des jeunes, et des forts et des beaux.

Heureux qui sait y courir, heureux qui sait le voir ! Il ne resplendit pas toujours, il a aussi son déclin. Cette pluie d'or, quand elle tombe d'en-haut, comme à un vin de Dieu il faut tendre son verre.

LA BESSOUNADO

— Enca dous pèr crèisse la bando !
Pèr ma fisto, erian pas proun gu !
— Èi lou bon Diéu que nous li mando,
E sarien pas li benvengu ?
Dous drole ! la bello couvado !
Regardas-lèi : que soun pouli !
Tre que l'aucèu es espeli,
La maire baio la becado.

LES JUMEAUX

— Encore deux pour accroître la bande ! par ma foi, nous n'étions pas assez gueux ! — C'est le bon Dieu qui nous les envoie, et ils ne seraient pas les bien-venus ? Deux garçons ! la belle couvée ! regardez-les : qu'ils sont jolis ! Dès que l'oiseau est éclos, la mère donne la becquée.

N'agués pas pòu de m'agouta !
>> Poudès teta
>> Di dous cousta !
Mis enfantoun, poudès teta !

Lis enfant soun jamai de rèsto.
Comte li miéu à cha parèu,
Pèr iéu pamens èi toujour fèsto
Quand m'arribo un enfant nouvèu.
N'i'a dous ! Dins la memo bressolo
Li coucharai, e dourmiran ;
Pièi, se Diéu vòu, se 'n cop soun grand,
Anaran ensèn à l'escolo.

N'agués pas pòu de m'agouta !
>> Poudès teta
>> Di dous cousta !
Mis enfantoun, poudès teta !

Iéu, e noste ome qu'èi pescaire,
Avèn abari sèt enfant !
Diéu ajudo li travaiaire,
Jamai couvado mor de fam.
Que cresès ? pèr tant de marmaio,
Beneset n'a que si fielat,
E iéu, pecaire ! que moun la,
Mai aquelo font toujour raio !

N'ayez pas peur de me tarir ! Vous pouvez teter des deux côtés ! mes petits enfants, vous pouvez teter !

Les enfants ne sont jamais de reste. Je compte les miens par couples ; pour moi, cependant, c'est fête toujours, quand m'arrive un enfant nouveau. Il y en a deux ! Dans le même berceau je les coucherai, et ils dormiront ; puis, si Dieu veut, lorsqu'ils seront grands, ils iront ensemble à l'école.

N'ayez pas peur de me tarir ! Vous pouvez teter des deux côtés! mes petits enfants, vous pouvez teter !

Moi, et notre homme qui est pêcheur, avons élevé sept enfants ! Dieu aide les travailleurs ; jamais couvée ne meurt de faim. Que croyez-vous ? Pour tant de marmots, Bénézet n'a que ses filets, et je n'ai que mon lait, pauvrette ! mais cette fontaine coule toujours.

N'agués pas pòu de m'agouta !
    Poudès teta
    Di dous cousta !
Mis enfantoun, poudès teta !

Souvènti-fes lou pèis estrasso
Si fielat que Diéu benesi ;
Capeiroun, sartan e tirasso,
Lis adoube entre qu'ai lesi.
Pièi, tout viéu, vènd lou pèis que sauto
Di grand banasto pèr lou sòu...
E, mignot, sènso aquéli sòu,
Aurias pas tant de bèlli gauto !

N'agués pas pòu de m'agouta !
    Poudès teta
    Di dous cousta !
Mis enfantoun, poudès teta !

L'estiéu, quand lis aigo soun basso,
Qu'au Rose i'a gaire de que,
D'Avignoun à la Bartalasso
Passo li gènt dins soun barquet ;
E, tambèn i'atrovo la vido !
Peréu dins l'oustau res patis :
S'avèn tóuti bon apetis,
Nosto paniero èi prouvesido.

N'ayez pas peur de me tarir ! Vous pouvez teter des deux côtés ! mes petits enfants, vous pouvez teter !

Maintes fois le poisson déchire ses filets que Dieu bénit ; *capeiron*, *pharillon* et *traîneau*, je les raccommode, dès que j'en ai le loisir. Puis, tout vif, il vend le poisson qui saute des grandes mannes à terre... et, mignons, si ce n'était ces sous-là, vous n'auriez pas d'aussi belles joues !

N'ayez pas peur de me tarir ! Vous pouvez teter des deux côtés ! mes petits enfants, vous pouvez teter !

L'été, quand les eaux sont basses, qu'il n'y a pas grand chose au Rhône, d'Avignon à la Barthelasse *, il passe les gens dans son bateau ; et tout de même il y trouve la vie ! Aussi bien nul ne pâtit dans la maison : si nous avons tous bon appétit, notre huche est approvisionnée.

* Ile sur le Rhône, en face d'Avignon.

N'agués pas pòu de m'agouta !
  Poudès teta
  Di dous cousta !
Mis enfantoun, poudès teta !

D'usage, lou mariage meno
Jamai qu'un enfant à la fes...
Iéu siéu, parèis, de meiour meno :
Aqueste cop, dous en dès mes !
Pos faire de bòni journado,
Ah ! pos n'en pesca de peissoun,
Beneset : vaqui dous bessoun !
Tóuti fan pas la bessounado !

N'agués pas pòu de m'agouta !
  Poudès teta
  Di dous cousta !
Mis enfantoun, poudès teta !

Mi vesino m'an di : — Nourado,
Pos pas li garda tóuti dous ;
Veiras, dedins uno mesado :
Ti drole agoutarien lou pous ! —
Iéu, li bouta 'n bailo, pecaire !
Vole pas ! tóuti dous soun miéu :
Suças, suças, pàuris agnèu,
Lou la, lou sang de vosto maire !

N'ayez pas peur de me tarir ! Vous pouvez teter des deux côtés ! mes petits enfants, vous pouvez teter !

Le mariage, de coutume, n'amène jamais qu'un enfant à la fois... moi, je suis, paraît-il, de meilleure race: cette fois-ci, deux en dix mois ! Tu peux faire de bonnes journées, ah ! tu peux en pêcher du poisson, Bénézet : voilà deux jumeaux ! toutes ne font pas la *bessonnée !*

N'ayez pas peur de me tarir ! Vous pouvez teter des deux côtés ! mes petits enfants, vous pouvez teter !

Mes voisines m'ont dit : — Norade, tu ne peux pas les garder tous deux ; tu verras, d'ici à un mois : tes garçons tariraient le puits. — Moi ! les mettre en nourrice, les pauvrets ! Je ne veux pas ! ils sont miens tous deux : sucez, sucez, pauvres agneaux, le lait, le sang de votre mère !

N'agués pas pòu de m'agouta !
Poudès teta
Di dous cousta !
Mi bèus enfant, poudès teta !

MANDADIS

A J. REBOUL E A J. CANOUNGE.

Ah ! pèr santo Ano de Vedeno !
Iéu vous lou disc sèns façoun,
Me sarié bèn d'ounour, se vous fasié pas peno,
Ami, d'èstre peirin de mi pichot bessoun.

N'ayez pas peur de me tarir ! Vous pouvez teter des deux côtés ! mes beaux enfants, vous pouvez teter !

ENVOI

A J. REBOUL ET A J. CANONGE.

Ah ! par sainte Anne de Vedènes ! je vous le dis, moi, sans façon : ce me serait bien de l'honneur, s'il ne vous faisait pas peine, amis, d'être parrains de mes petits jumeaux.

RÉPONSE

DE MM. JEAN REBOUL ET JULES CANONGE.

Chacun de nous, quoique peu digne,
Avec joie aux fonts baptismaux
Accepte la faveur insigne
De tenir les charmants Jumeaux.

Nous les nommerons Jean et Jule.
Ces noms leur feront peu d'honneur ;
Mais sans gloire et sans particule
L'amitié peut porter bonheur.

Nous savons que, dans cette fête,
Nous attend un petit chagrin :
Tes fils sont si beaux qu'on regrette
De n'en être que le parrain.

Cependant, ami, sois tranquille,
Nous saurons veiller sur leurs jours;
Précaution fort inutile,
Car tes Jumeaux vivront toujours.

Ils vivront pour calmer ta peine
Et t'entourer de soins pieux,
Lorsque l'arbuste sera chêne
Et que le chêne sera vieux.

Nous voulons que l'onde divine
Qui rend notre Jardin plus frais,
Coule sur leur tête enfantine,
Pour qu'ils nous tiennent de plus près.

Nîmes, enivré de leurs charmes,
Ébranchera les verts rameaux
Du palmier que portent ses armes,
Afin d'en parer leurs berceaux.

Et, si quelque envieux reptile
Traitait nos filleuls de bâtards,
Nous dirions à monsieur Zoïle:
« Ils sont flattés de vos brocards.

» Il est des domaines sublimes
» Par vos pareils en vain rêvés;
» Là les fils les plus légitimes
» Sont toujours les enfants *trouvés*. »

LOU MES DE MAI

A M. SAINT-RENÉ TAILLANDIER

    Galant mes de Mai,
    Tant fres e tant gai,
    Vènes, vènes mai,
    E tout se reviho;
    Èi jour bon matin,
    E dins l'aubespin
    I'a milo refrin
    Qu'encanton l'auriho.

LE MOIS DE MAI

A M. SAINT-RENÉ TAILLANDIER

Charmant mois de mai, si frais et si gai, tu viens, tu viens de nouveau, et tout se réveille ; il est jour bon matin, et dans l'aubépine sont mille refrains qui enchantent l'oreille.

E lis amourous
Atrovon bèn dous
D'èstre dous à dous,
A la vesperado;
Car, pèr uno amour
Franco de coumbour,
Vau mai l'escabour
Que la matinado.

Jouvènto e jouvènt
Caminon ensèn:
Rison de pas rèn,
Sachènt pas que dire;
Rison se 'n tavan
Ie passo davan,
E coume d'enfant
Rison de soun rire.

Parlon pas d'amour.
Parlon d'uno flour,
O de la coulour
Dóu nivo que passo,
D'un perdigaloun,
O d'un mouissaloun,
O d'un auceloun
Que ie fai la casso.

Et les amoureux trouvent bien doux d'être deux à deux, à la vêprée ; car, pour un amour franc de trouble, mieux vaut le crépuscule que la matinée.

Jouvencelles et jouvenceaux cheminent ensemble : ils rient de rien, ne sachant que dire ; ils rient d'un hanneton qui passe devant eux, et comme des enfants, ils rient de leur rire.

Ils ne parlent pas d'amour. Ils parlent d'une fleur ou de la couleur du nuage qui passe, d'un jeune perdreau, ou d'un moucheron, ou d'un oisillon qui lui fait la chasse.

E de tout ansin
Parlon pèr camin :
Se quauque gros chin
Japo e se destaco ;
S'an ausi sibla
Lou pastre qu'eilà,
De-long dóu valat,
Abéuro si vaco.

Se lou roussignòu
Que couvo sis iòu
S'amato de pòu
Dins la bouissounado...
Chut ! pèr escouta
Soun poulit canta,
Se soun arresta
Davans la nisado.

E, de cop que i'a,
Pèr trop babiha,
Zino a resquiha ;
Mai lou calignaire,
Lèste coume un cat,
Laisso pas brounca
Zino, qu'a manca
D'ana au sòu, pecaire !

Et de tout ainsi, ils parlent en chemin : si quelque gros chien aboie et se détache; s'ils ont entendu siffler le pâtre, qui, là-bas, au bord du fossé, abreuve ses vaches.

Si le rossignol qui couve ses œufs, se blottit de peur dans la haie de buissons... Chut ! pour écouter son joli chant, ils se sont arrêtés devant la nichée.

Et parfois pour trop babiller, Zine a glissé ; mais le galant, leste comme un chat, ne laisse pas broncher Zine, qui a failli aller par terre, pauvrette !

Se trovon pouli :
Rèn qu'acò-d'aqui
Gardo de langui.
Zino èro à la voto ;
Éu prenguè sa man,
Pièi en tremoulant
Ie diguè tout plan : —
Ma bello mignoto!

Vaqui d'ounte vèn
Que jouvo e jouvènt
Se parlon souvènt,
E calignon foço ;
Se calignaran
Belèu bèn quatre an,
Mai s'embrassaran
Bèn avans la noço.

Tambèn se, d'asard,
Quauque palamard,
Ie crido : — Tant tard,
Barrulas encaro ? —
Tè ! de-qu'èi que vòu,
Respondon, qu'a pòu ?...
Sabèn li draiòu
E la luno es claro.

Ils se trouvent charmants, rien que cela seul garde d'ennui. Zine était à la *vote* *; il lui prit la main, puis en tremblant, il lui dit à voix basse : — Ma belle mignonne !

Voilà d'où vient que jouvencelle et jouvenceau se parlent souvent et font beaucoup l'amour ; ils feront l'amour peut-être bien quatre ans, mais ils s'embrasseront bien avant la noce.

Aussi, d'aventure, si quelque lourdeau leur crie : — Si tard, vous vaguez encore ? — Tiens ! qu'est-ce qu'il veut ? répondent-ils, de quoi a-t-il peur ?... Nous savons les sentiers, et la lune est claire !

* Vote, Voro, fête votive ou patronale du Midi.

A MADAMO ···

I

Madamo, bèn souvènt, à l'ouro di vihado,
Dins voste salounet, davans la ramihado,
M'avès baia 'no plaço; e, de-segur, en-lio
I'a tant bono coumpagno e peréu tant bon fio.

Madamo, lou sabès, tout l'estiéu de-countunio,
Me menas, i'a cinq an tout-aro, à Font-Segugno,
Sejour de paradis, bèu castèu que s'escound
Coume un nis de bouscarlo au mitan di bouissoun.

Iéu, me caufe, l'ivèr, à vosto chaminèio;
Me permene, l'estiéu, dessouto vòsti lèio;
A taulo, bèn souvènt, emé vòstis enfant,
Iéu beve voste vin e manje voste pan.

A MADAME ···

I

Madame, bien souvent, à l'heure des veillées, dans votre petit salon, devant le feu de brindilles, vous m'avez donné une place; et, certes, nulle part, il n'y a si bonne compagnie, il n'y a si bon feu.

Vous le savez, madame, tous les jours d'été, depuis cinq ans tout à l'heure, vous me menez à Font-Segugne, séjour de paradis, beau castel qui se cache comme un nid de fauvettes au milieu des buissons.

Je me chauffe, l'hiver, à votre cheminée; l'été, je me promène sous vos avenues; bien souvent, à table avec vos enfants, je bois votre vin et je mange votre pain.

II

E que soun gènto li vihado,
Madamo, quand la ramihado
Petejo, e que sias assetado
Dedins voste poulit saloun !
Aqui, i'a touto la famiho :
L'un travaio, l'autre babiho ;
Jùli charro emé Roumaniho,
Aubanèu charro emé Pauloun.

E i'a tambèn li damisello :
Oh ! que soun bravo ! oh ! que soun bello !
Sèmpre amistouso e riserello,
Clarisso es l'ange de l'oustau ;
Di pàuri gènt sias l'ange, o Fino !
Vosto man, tant blanco e tant fino,
Fardo l'enfant de la vesino,
Fai lou lie dóu pichot malaut.

E qu'èi brave d'èstre à l'oumbrage,
Au champ, quand la caud toumbo à rage ;
D'ausi l'aucèu fai soun ramage,
D'ausi di font rire lou brut !
L'oumbro davalo, es niue tout-aro :
A Font-Segugno es brave encaro,
De-vèspre, quand la luno es claro,
D'ana dins li bos sournaru.

II

Et qu'elles sont gentilles les soirées, madame, quand le feu de ramée pétille, et que vous êtes assise dans votre joli salon ! Toute la famille est là : l'un travaille, l'autre babille ; Roumanille cause avec Jules, Aubanel cause avec Paul.

Il y a aussi les demoiselles : oh ! qu'elles sont belles, oh ! qu'elles sont aimables ! Toujours amicale et souriante, Clarisse est l'ange de la maison. Des malheureux vous êtes l'ange, ô Joséphine ! Votre main, si délicate et si blanche, lave l'enfant de la voisine, fait le lit du petit malade !

Et que c'est charmant d'être à l'ombre, à la campagne, quand la chaleur tombe et rayonne ; d'entendre l'oiseau faire son ramage, d'entendre rire le bruit des fontaines ! L'ombre descend, il est nuit bientôt : à Font-Segugne il est charmant encore, le soir, quand la lune est claire, d'aller dans les bois obscurs.

Es brave, quand la taulo agroupo
Uno amistouso e gaio troupo,
De manja lou pan que vous coupo,
Lou pan que vous coupo un ami ;
Èi brave de turta lou vèire,
Quand lou vin es vièi ; de se vèire
Festa de tóuti, e de crèire
Qu'encaro ie fasès plesi !

III

Ce qu'ajudo à la vido e dono bon courage
    Pèr camina : bèllis oumbro, bon fio,
Bono taulo, bon vin, bon cor e bon visage;
    Vers vous, madamo, ai trouva tout acò.

Peréu n'es pas eisa de vous canta, madamo !
Lou parla de la bouco, ah ! s'èro aquéu de l'amo !

Il est charmant, quand la table groupe une compagnie amicale et gaie, de manger le pain que vous coupe, le pain que vous coupe un ami; il est charmant de heurter le verre, quand le vin est vieux; de se voir fêté de tous, et de croire encore que vous leur faites plaisir !

III

Ce qui aide à la vie et donne bon courage pour cheminer : belles ombres, bon feu, bonne table, bon vin, bon cœur et bon visage; chez vous, madame, j'ai trouvé tout cela.

Aussi, madame, vous chanter n'est pas facile ! Le parler de la bouche, ah ! s'il était celui de l'âme !

LI TIRARELLO DE SEDO

A PÈIRE GRIVOLAS

Chato, qu'anas courre i voto,
Vàutri qu'amas de dansa,
Venès lèu, venès, mignoto,
Tout-aro anan coumença.

N'èi pas souto li platano,
N'èi pa ' mé vòsti galant :
A la rodo que debano
Venès douna lou balan.

LES TIREUSES DE SOIE

A PIERRE GRIVOLAS

Jeunes filles, qui allez courir aux *votes*, vous qui aimez à danser, venez vite, venez, chéries, nous allons commencer tout à l'heure.

Ce n'est pas sous les platanes, ce n'est pas avec vos galants : à la roue qui dévide, venez donner le branle.

Venès ! lou coucoun se tiro,
Leissas ista 'qui l'amour :
La rodo que viro, viro,
Tant que viro fai de tour.

L'aigo boui, la man farfouio ;
Souto l'escoubo de brus
Chasque fiéu se desembouio :
Ardi ! se lou pèd vous prus !

Lou pèd vous prus pèr la danso,
E segur i'avès bon biai !...
Vòsti couifo auran de ganso,
Se vous prus pèr lou travai.

Zòu ! toumbas, levas, jouinesso,
Dessus la post, en cantant ;
Plus tard, n'en fau l'escoumesso,
Pichoto, rirés pas tant !

Toun péu destrena davalo
De la pienche à long trachèu ;
Toun fichu, de tis espalo
S'esquiho, e vai de cantèu.

Tout crido, brusis, tremolo :
Li blanc à-despart di blound,
Dins l'escumo di peirolo
Cabussejon li coucoun.

Venez ! des cocons il faut dérouler le fil ! Laissez là l'amour en paix ! La roue qui tourne, tourne, tant qu'elle tourne elle fait des tours.

L'eau bout, la main farfouille ; sous le balai de bruyère chaque fil se démêle : hardi ! si le pied vous démange !

Le pied vous démange pour la danse, et, certes, vous y avez bonne grâce !... Vos coiffes auront des nœux de rubans, s'il vous démange pour le travail.

Çà ! monte et descend, jeunesse, sur la planchette, en chantant ; plus tard, j'en fais la gageure, vous ne rirez pas tant, petites !

Ta chevelure dénouée tombe du peigne à longs flots ; ton fichu, de tes épaules, glisse et va de travers.

Tout crie, bruit et frissonne : les blonds séparés des blancs, dans l'écume des chaudières, nagent et plongent les cocons.

Digas-me queto menèstro,
O chato, vous an veja,
Que souto vòsti fenèstro
S'ausis tant cacaleja?

La susour sus vosto caro
Fai perleja si degout :
Debanas, debana ' ncaro
Voste fiéu à quatre bout !

A la cordo que pendoulo,
Pendoulado d'uno man,
Un pèd descaus, l'autre en groulo,
Debanarias proun tout l'an !

Bèu fihan ! la bello vido !
Enterin que travaias,
Pèr vèire se sias poulido,
Tèms-en-tèms vous miraias !

Dites-moi quel breuvage on vous a versé, ô jeunes filles, que, sous vos fenêtres, on entend si beau caquet?

La sueur sur vos visages fait perler ses gouttes; dévidez, dévidez encore votre fil à quatre bouts!

A la corde qui pendille, suspendues d'une main; un pied nu, l'autre en pantoufle, vous dévideriez tout l'an!

Mes belles filles, la belle vie! cependant que vous travaillez, pour voir si vous êtes jolies, vous vous mirez de temps à autre!

LA NEISSÈNÇO

DOU FELIBRIHOUN DE L'ARC-DE-SEDO

A MADAMO CECILO BRUNET

Es na l'enfant, l'enfant que teto ;
Vesin, vesino, mounte anas ?
Vès ! qu'èi poulido sa bouqueto !
Vès ! qu'èi poulit soun pichot nas !

Sa grand, tant bono, lou tintourlo,
En ie picant dessus lou quieu ;
Èi rouge coume uno jinjourlo,
E coume bramo ! e coume es vieu !

LA NAISSANCE

DU PETIT FELIBRE DE L'ARC-EN-CIEL

A MADAME CÉCILE BRUNET

Il est né l'enfant, l'enfant qui tète; voisins, voisines, où allez-vous? Voyez: qu'elle est jolie sa petite bouche! voyez: qu'il est joli son petit nez!

Son aïeule, si bonne, le dorlote, en lui tapant sur le cul; il est rouge comme une jujube, et comme il crie! et qu'il est vif!

Dedins soun lie, touto malauto,
L'urouso maire soufre e ris !
Pren soun drole, e contro sa gauto
Pièi lou sarro : acò la garis.

Regardas, regardas lou paire....
Es ome, a de barbo au mentoun ;
E pamens, mut, dedins un caire,
De la joio plouro e s'escound.

Èi pas besoun de vous lou dire :
Plouras, risès, que fai de bèn !
O pèr li plour, o pèr lou rire,
Lou cor s'escampo quand es plen.

De-qu'as, Prassedo, ma mignoto ?
Crides, vos ie faire un poutoun !...
Pèr ana au brès sies trop pichoto :
Maire, porge-ie l'enfantoun.

Dins l'oustau, tóuti soun en aio ;
Courron de la cavo au granié ;
N'i'en a qu'escuron la terraio,
N'i'en a que freton l'estanié.

Tu, sies pertout, gènto Mario,
Emé toun bon cor, toun bèu biai,
E lou bonur t'escarrabiho,
Galanto chato, encaro mai !

Dans son lit, toute malade, l'heureuse mère souffre et rit ! Elle prend son fils, et contre sa joue le serre : cela la guérit.

Regardez, regardez le père.... Il est homme, il a barbe au menton ; et pourtant, muet, dans un coin, de la joie il pleure et se cache.

Pas n'est besoin de vous le dire : pleurez, riez, cela fait du bien ; ou par le rire ou par les pleurs, quand il est plein, le cœur s'épanche.

Qu'as-tu, Praxède, mon amie ? tu cries, tu veux lui faire un baiser !... Pour aller au berceau tu es trop petite : mère, donne-lui l'enfantelet.

Dans la maison, tous sont en émoi : on court de la cave au grenier ; les uns écurent la faïence, d'autres frottent le dressoir.

Toi, tu es partout, gente Marie, avec ton bon cœur, ton biais charmant, et le bonheur te rend alerte, accorte fille, encore plus !

S.

Parènt, ami, vesin, vesino,
Intron galoi, tóutis au cop;
Vèn lou peirin, vèn la meirino :
D'aut ! parten pèr Sant-Agricò.

Chato, cercas vòsti menaire;
Vàutri, jouvènt, fuguès galant;
Despachen-nous, que fau pas faire
Langui ni clerc ni capelan.

L'enfantoun es en grand teleto :
An ! bailo, davans caminas ! —
Oh ! qu'èi poulido sa bouqueto !
Oh ! qu'èi poulit soun pichot nas !

Parents, amis, voisins, voisines, entrent joyeux, tous à la fois ; vient le parrain, vient la marraine : allons ! partons pour Saint-Agricol !

Jeunes filles, cherchez vos cavaliers; vous, jouvenceaux, soyez galants : hâtons-nous, qu'il ne faut faire attendre ni le prêtre ni le clerc.

L'enfant est en grande toilette: allons! nourrice, marchez devant ! — Oh ! qu'elle est jolie sa petite bouche ! oh ! qu'il est joli son petit nez !

LI SEGAIRE

AU FELIBRE FREDERI MISTRAL

I

Planten nòsti clavèu,
D'aut! espóussen la cagno,
E bagnen d'escupagno
La ribo dóu martèu!

Ai qu'un parèu de braio
Que soun traucado au quiéu,
Mai i'a res coume iéu
Pèr enchapla li daio!

LES FAUCHEURS

AU POÈTE FRÉDÉRIC MISTRAL

I

Plantons nos aires *, allons ! secouons l'indolence, et mouillons de salive le bord du marteau !

Je n'ai qu'une paire de *braies*, et qui tombent en loques, mais nul n'est tel que moi pour marteler les faux !

---

* Aire, CLAVÈU, enclume portative dont se servent les faucheurs pour marteler le tranchant de la faux.

La femo e lis enfant
Espèron la becado;
La daio es embrecado...
De-vèspre, auran de pan.

Ai qu'un parèu de braio
Que soun traucado au quiéu,
Mai i'a res coume iéu
Pèr enchapla li daio !

En quau fai soun mestié
Jamai lou viéure manco :
Mis ami, dessus l'anco
Cenglen nòsti coufié.

Ai qu'un parèu de braio
Que soun traucado au quiéu,
Mai i'a res coume iéu
Pèr enchapla li daio !

Cargon si grand capèu,
La chato emé la maire;
Lis enfant dóu segaire
Aduson li rastèu.

Ai qu'un parèu de braio
Que soun traucado au quiéu,
Mai i'a res coume iéu
Pèr enchapla li daio !

La femme et les enfants attendent la becquée ; la faux est ébréchée... Ce soir, ils auront du pain.

Je n'ai qu'une paire de *braies*, et qui tombent en loques, mais nul n'est tel que moi pour marteler les faux !

A qui fait son métier, jamais ne manque le vivre : mes amis, sur la hanche, ceignons nos *coufié* *.

Je n'ai qu'une paire de *braies*, et qui tombent en loques, mais nul n'est tel que moi pour marteler les faux !

La fille et la mère prennent leurs grands chapeaux ; les enfants du faucheur apportent les râteaux.

Je n'ai qu'une paire de *braies*, et qui tombent en loques, mais nul n'est tel que moi pour marteler les faux !

* Coufié, étui de bois plein d'eau, dans lequel les faucheurs tiennent la pierre à aiguiser.

Lou pu jouine, à la man,
Tintourlo uno fougasso;
L'einat porto la biasso,
E camino davan.

Ai qu'un parèu de braio
Que soun traucado au quiéu,
Mai i'a res coume iéu
Pèr enchapla li daio !

— Que portes ? — De pebroun.
De cachat, de cebeto,
Un taioun d'aumeleto.
— Em'acò n'i'a bèn proun !

Ai qu'un parèu de braio
Que soun traucado au quiéu,
Mai i'a res coume iéu
Pèr enchapla li daio !

Sies brave coume un sòu !... —
Mis ami, bon courage !
Parten pèr lou segage,
La daio sus lou còu.

Ai qu'un parèu de braio
Que soun traucado au quiéu,
Mai i'a res coume iéu
Pèr enchapla li daio !

Le plus jeune, à la main, dodeline une fouace ; l'aîné porte le bissac, et chemine devant.

Je n'ai qu'une paire de *braies*, et qui tombent en loques, mais nul n'est tel que moi pour marteler les faux !

— Que portes-tu ? — Des piments, du *cachat**, des ciboules, un morceau d'omelette. — En voilà bien assez !

Je n'ai qu'une paire de *braies*, et qui tombent en loques, mais nul n'est tel que moi pour marteler les faux !

Tu es brave comme un sou !... — Mes amis, bon courage, partons pour la fauche, les faux sur le cou !

Je n'ai qu'une paire de *braies*, et qui tombent en loques, mais nul n'est tel que moi pour marteler les faux !

* Cachat, fromage pétri, qui acquiert par la fermentation un goût excessivement piquant.

II

Aniue, d'aqueste prat
N'en restara pas gaire,
Parai, famous segaire?
E l'obro lusira !

Lou soulèu que dardaio
Fai trelusi li daio.

La daio vai e vèn,
Fai ges de curbecello;
Sauton li sautarello
Sus li marro de fen.

Lou soulèu que dardaio
Fai trelusi li daio.

En travaiant, segur,
S'acampo de famasso,
Pèr lampa la vinasso
E cacha lou pan dur !

Lou soulèu que dardaio
Fai trelusi li daio.

Adiéu ! l'erbo e li flour !
Li rastèu rastelavon,
E li grihet quilavon
D'esfrai e de doulour !

II

A la nuit, de ce pré, il n'en restera guères, n'est-ce pas, fameux faucheurs ? et l'ouvrage luira !

Le soleil qui darde fait resplendir les faux.

La faux va et vient, rien ne lui échappe ; les sauterelles sautent sur les lignes de foin.

Le soleil qui darde fait resplendir les faux.

En travaillant, certes ! s'amasse l'âpre faim, pour sabler le vin fort et broyer le pain dur !

Le soleil qui darde fait resplendir les faux.

Adieu ! l'herbe et les fleurs ! les râteaux râtelaient, et les grillons criaient de douleur et d'effroi !

Lou soulèu que dardaio
Fasié lusi li daio.

Siéu las e siéu gibla !
Tambèn, dins la journado,
Sega cinq eiminado,
E lou tèms d'enchapla !

Lou soulèu que dardaio
Fai plus lusi li daio.

Velaqui tout au sòu :
Vèngue uno bono luno !...
Fasen n'en tuba-v-uno ;
E tant-plus-mau, se plòu !

Lou soulèu que dardaio
Fai plus lusi li daio.

Que li daio au sóumié
Brandusson pendoulado....
E manjen l'ensalado
Garnido emé d'aiet.

Lou soulèu que dardaio
A fa lusi li daio....

L'ENTRE-LUEUR.

Le soleil qui darde faisait briller les faux.

Je suis las et ployé ! Aussi bien, en un jour, faucher cinq *héminées*, et le temps de marteler la faux !

Le soleil qui darde ne fait plus briller les faux.

Le voilà tout par terre ! Vienne une bonne lune !... Faisons brûler une (pipe), et puis, tant pis s'il pleut !

Le soleil qui darde ne fait plus briller les faux.

Que les faux à la solive branlent appendues.... et mangeons la salade assaisonnée d'ail.

Le soleil qui darde a fait briller les faux....

LI PIBOULO

AU FELIBRE ANSÈUME MATIÉU

I

Ta ramo tant auto escalo
Que ta tèsto, au ventoulet,
Arregardo sus l'espalo,
Sus l'espalo dóu coulet;

Bello lèio de grand pibo
Enfioucado dóu tremount,
Que veses sus l'autro ribo?
Que veses d'aperamount?

LES PEUPLIERS

AU POÈTE ANSELME MATHIEU

I

Ton feuillage si haut monte, que ta tête, à la brise, regarde sur l'épaule, sur l'épaule de la colline ;

Belle avenue de grands peupliers, enflammée par le couchant, que vois-tu sur l'autre rive? que vois-tu de ton sommet ?

Souto l'auro bressarello
Que li fasié tremoula,
Li pibo saludarello,
Li piboulo m'an parla :

— Vesèn rèn dins li grand'terro
Que lis aubre e que li mas;
La niue claro es à l'espèro
Dóu soulèu rouge qu'èi las.

— A l'espèro es pas souleto,
La niue : espère tambèn....
— Vesèn uno chatouneto
Bello coume lou printèm,

Que camino, que camino,
Lóugeireto à travès champ.
Roussignòu e cardelino
La saludon en passant.

Es amado la jouvènto
Dis auceloun dóu païs,
Car, pèr tóuti benfasènto,
N' a jamai davera 'n nis.

Velaqui roso e sereno,
Roso coume lou matin,
Emé lou blad de si treno,
E soun jougne souple e prim. —

Sous le vent berceur qui les faisait trembler, les peupliers
qui saluent, les peupliers m'ont parlé :

— Nous ne voyons rien dans les grandes terres, que
les arbres et les *mas* ; la nuit claire est à l'affût du soleil
rouge qui est las.

— A l'affût elle n'est pas seule, la nuit : et moi j'attends
aussi. — Nous voyons une fillette, belle comme le printemps,

Qui chemine, qui chemine, légère, à travers champs.
Rossignols et chardonnerets la saluent au passage.

Elle est aimée, la bachelette, des oisillons de la contrée,
car, pour tous bienfaisante, elle n'a jamais pillé de nid.

La voilà rose et sereine, rose comme le matin, avec le
blé de ses tresses, avec son corsage fin et souple. —

— Ah! se l'espèro ei marrido,
Te vèire es un ur de rèi :
O, te vèire, ouro flourido,
Bèu bonur que toujour crèi!

Verdo lèio, tant ramudo,
Escampas l'oumbro e la pas!
Bello lèio, fugués mudo;
Fugués mut, colo e campas! —

Souto l'auro bressarello
Que li fasié tressali,
Li pibo saludarello,
Li piboulo an trefouli!

II

Ta ramo tant auto escalo
Que ta tèsto, au ventoulet,
Arregardo sus l'espalo,
Sus l'espalo dóu coulet;

Bello lèio de grand pibo
Enfioucado dóu tremount,
Que veses sus l'autro ribo?
Que veses d'aperamount?

Souto l'auro bressarello
Que li fasié tremoula,
Li pibo saludarello,
Li piboulo m'an parla :

— Ah ! si l'attente est cruelle, ta vue est une fortune de roi : oui, ta vue, heure fleurie, bonheur splendide qui grandit toujours !

Verte allée si rameuse, épanchez l'ombre et la paix ! belle allée, soyez muette ; soyez muets, côteaux et landes !

Sous le vent berceur qui les faisait tressaillir, les peupliers qui saluent, les peupliers ont frémi de joie !

II

Ton feuillage si haut monte, que ta tête, à la brise, regarde sur l'épaule, sur l'épaule de la colline ;

Belle avenue de grands peupliers, enflammée par le couchant, que vois-tu sur l'autre rive ? que vois-tu de ton sommet ?

Sous le vent berceur qui les faisait trembler, les peupliers qui saluent, les peupliers m'ont parlé :

— N'en vesèn toun amigueto
Courre coume un perdigau...
Velaqui vers la sourgueto,
Velaqui vers soun oustau.

A li rouito sus li gauto;
A lis iue plen de belu,
E soun pichot cor ressauto
Souto soun poulit fichu.

E la cabro toujour lèsto
Ie vèn sauta' l'endavan;
Lou chin, pèr ie faire fèsto,
Ie japo e lipo si man.

Mai, sus lou pas de la porto,
I' a lou vièi qu'es aplanta;
A di : — Chatouno, pèr orto,
D'ounte vèn qu'as tant resta ? —

N'en vesèn peréu la maire
Que s'entorno dóu jardin :
— As mai vist toun calignaire ?
Ve ! t'empestelle dedin !... —

E la maire, de sa faudo
Embandis tout ce qu'avié : —
Mounto, mounto, fouligaudo !... —
Soun deja dins l'escalié.

Nous voyons ta jeune amie courir comme un perdreau...
la voilà près de la source, la voilà vers sa maison.

Elle a les joues empourprées, et les yeux pleins de
lueurs, et son petit cœur ressaute sous son élégant fichu.

Et la chèvre, toujours leste, vient bondir à sa rencontre;
le chien, pour lui faire fête, lui aboie et lèche ses mains.

Mais, sur le seuil de la porte, le vieillard est debout:
—Fillette, a-t-il dit, en course, d'où vient que tu es tant
restée? —

Nous voyons aussi la mère, qui s'en revient du jardin:
— Ton galant, tu l'as vu encore? Vois! je t'enferme sous
clé!... —

Et la mère, du pan de sa robe, rejette tout ce qu'elle
avait: — Monte, monte, jeune folle!... — Elles sont déjà
dans l'escalier.

Ai ! ai ! m'an di li piboulo,
Vesèn plus rèn... Que fara
La pauro ? Ce que treboulo
Èi qu'avèn ausi ploura. —

Souto l'auro bressarello
Que li fasié tremoula,
Li pibo saludarello,
Li piboulo an gingoula!

Hélas ! m'ont dit les peupliers, nous ne voyons plus rien... Que fera la pauvrette ? Ce qui nous trouble, c'est d'avoir ouï pleurer. —

Sous le vent berceur qui les faisait trembler, les peupliers qui saluent, les peupliers se sont lamentés !

LIS ESCLAU

AU FELIBRE OUGÈNI GARCIN

> Semetipsum exinanivit, formam servi accipiens.
> (Philip. ii - 6, 7.)

— Oh ! quente bon soulèu ! trelusis qu'esbrihaudo !
Au founs de nòsti cros, de tout l'an intro pa.
Que lou cèu èi bellas ! coume la terro èi caudo !
  Ah ! pèr aro, sian escapa !
  Pèr plus pati, de-que fau faire ?
  Mounte èi que sias, noste Sauvaire ?
Car an di qu'erias arriba.

LES ESCLAVES

AU POÈTE EUGÈNE GARCIN

> Il s'est anéanti lui-même, prenant la forme d'esclave.
> (Aux Philip. ii. – 6, 7.)

— Oh! quel bon soleil ! il resplendit éblouissant ! Au fond de nos fosses de toute l'année il n'entre pas ! Que le ciel est magnifique ! que la terre est chaude ! Ah ! pour l'heure nous voici échappés ! Pour ne plus souffrir, que faut-il faire ? Où êtes-vous, notre Sauveur ? car on vous dit arrivé.

Que renguiero de gènt! — quau mounto, quau davalo, —
De la cresto di colo i baisso dóu valoun!
Tóuti porton quicon sus la tèsto o l'espalo;
      Intron dedins un establoun :
      Caminen sus la memo draio. —
      E veguèron su 'n pau de paio
      Un poulit pichot nus e' blound.

— Quau èi lou mèstre eici, digas, quau èi lou mèstre?
Quint es aquéu que vèn pèr nous descadena?
Èi belèu tu, bon vièi?.... S'èi pas tu, quau pòu èstre?
      Pèr l'ajougne, ounte fau ana?
      — Pas bèn liuen! Pèr sauva lou mounde,
      Fau, davans, que trento an s'escounde,
      L'enfant que dins lou jas èi na.

— Hoi! es tu, paure enfant? E qu'èi que vènes faire
Dins un marrit estable? E dison que sies Diéu!
Mai de te manda 'nsin en que sounjo toun paire?
      Es vougué la mort de soun fiéu!
      Pourras-ti fugi la coulèro
      Di Cesar que, dessus la terro,
      Aro cridon : Tout acò 's miéu!

Pèr nàutre quete sort! e i'a longtèms que duro!
Vau mies èstre segur si chin o si chivau.
I' lampre di pesquié nous jiton pèr pasturo,
      Tóuti viéu, car sian lis esclau!
      Ah! la mort vèn que trop tardiero!
      Èi jamai que dins sa sourniero
      Qu'atrouvan un pau de repau.

Quelle file de gens ! — qui monte, qui descend, — de la crête des collines au bas du vallon ! Tous portent quelque chose sur la tête ou l'épaule ; ils entrent dans une petite étable : marchons sur la même voie. — Et ils virent sur un peu de paille un joli petit nu et blond.

Qui est le maître, ici, dites, qui est le maître ? Quel est celui qui vient pour nous désenchainer ? C'est toi, peut-être, bon vieillard ?... Si ce n'est toi, qui ce peut-il être ? Pour l'atteindre où faut-il aller ? — Pas bien loin ! Pour sauver le monde, il faut, auparavant, que trente ans il se cache, l'enfant né dans la bergerie.

— Quoi ! c'est toi, pauvre enfant ! Et que viens-tu faire dans une méchante étable ? Et l'on dit que tu es Dieu ! Mais de t'envoyer ainsi à quoi songe ton père ? C'est vouloir la mort de son fils ! Pourras-tu fuir la colère des Césars qui, maintenant, sur la terre, crient : — Tout cela est à moi !

Pour nous quel sort ! et il y a longtemps qu'il dure ! Mieux vaux être, à coup sûr, leurs chiens ou leurs chevaux ! Aux lamproies des viviers ils nous jettent en pâture, tout vifs, car nous sommes les esclaves ! Ah ! la mort ne vient que trop tardive ! Ce n'est jamais que dans sa nuit que nous trouvons quelque repos.

Arribon pièi li jour de grand rejouïssènço,
Jour de maladicioun que n'an pas si parié !
De Cesar, de soun fiéu celèbron la neissènço :
  Enfant, ome, chato, mouié,
  Uno foulo desbardanado,
  Dins lis Areno, à plen d'arcado,
  Escalo li grands escalié.

La vilo sèmblo viejo. E tout lou pople guèiro :
Lou bestiàri d'Africo espèro lou taïoun...
Ausissès-lèi brama dins si cauno de pèiro !
  An lou ruscle : quente aguhioun !
  Lis embandisson..... La bataio,
  D'enterin que Cesar badaio,
  Chaplo l'esclau e lou leioun.

Sian aclapa de mau, sian carga de cadeno :
Pèr gari tout acò, de-que pos, enfantoun ?
E pamens, s'ères Diéu, te sarié ges de peno...
  Fai vèire se lou sies o noun ! —
  Autant lèu la Vierge Mario
  Dins la grupio pren lou Messio :
  Lis esclau toumbon à geinoun.

— Es iéu, pàuris esclau, que siéu voste Sauvaire.
Vòsti mau, li sabiéu ; quand vous an agarri,
Vesiéu tout d'eilamount, e diguère à moun Paire :
  — Ce que soufron vole soufri.
  D'aquesto ouro, lou mounde espèro :
  Leissas-me veni sus la terro,
  Moun Paire, leissas-me mouri !

Arrivent puis les jours de grande réjouissance, jours de malédiction, qui n'ont point leurs pareils. De César, de son fils on célèbre la naissance : enfants, hommes, jeunes filles, épouses, une foule désordonnée, dans l'amphithéâtre, à pleines arcades, gravit les énormes gradins.

La ville semble vide. Et tout le peuple guette : la bête d'Afrique attend la proie... Entendez-les hurler dans leurs cavernes de pierre ! La faim les torture, quel aiguillon ! On les lâche... La bataille, cependant que bâille César, écharpe l'esclave et le lion.

Nous sommes accablés de maux, nous sommes chargés de chaînes : pour guérir tout cela que peux-tu, enfantelet ? Et pourtant si tu étais Dieu, cela te serait si facile !... Fais voir si tu l'es ou non ! — Aussitôt la Vierge Marie prend le Messie dans la crèche : les esclaves tombent à genoux.

— C'est moi, pauvres esclaves, qui suis votre Sauveur. Vos maux, je les savais ; quand ils vous ont frappés, je voyais tout de là-haut, et je dis à mon Père : — Ce qu'ils souffrent, je le veux souffrir. A cette heure, le monde attend ; laissez-moi descendre sur la terre ; mon Père, laissez-moi mourir !

Me vaqui ! Siéu vengu pourta vòsti misèri,
E de vòsti doulour manja lou negre pan,
Siéu vengu vous signa dóu meme batistèri,
   Dóu batistèri de moun sang !
   Mai esperas que iéu grandigue,
   Pèr qu'un jour, ome, iéu patigue,
   Ce que noun pode, encaro enfant.

Autambèn mourirai au mitan de dous laire ;
Sus la crous dis esclau mourirai clavela ;
Pèr maire, sus ma crous, vous baiarai ma Maire :
   Saren coume fraire de la ! —
   E lis esclau trefouliguèron,
   E, dedins l'estable, cridèron :
   — Cesar, à tu de tremoula !

Me voici! Je suis venu porter vos misères et manger le pain noir de vos douleurs; je suis venu vous signer du même baptême, du baptême de mon sang. Mais attendez que je grandisse, pour qu'un jour, homme, moi je souffre ce que je ne puis, encore enfant.

Aussi bien, je mourrai entre deux larrons ; sur la croix des esclaves, je mourrai cloué. Pour mère, sur ma croix, je vous donnerai ma mère : nous serons comme frères de lait ! — Et les esclaves tressaillirent, et dans l'étable, ils crièrent : — César, à toi de trembler !

CANSOUN DE NOÇO

Qu'acò 's bèu, que plesi !
D'aquéli noço
N' i ' a pas foço !
Qu'acò 's bèu, que plesi !
En-lio canton coume eici !

Pèr vèire tal abounde,
Pèr vèire tau festin,
Ah ! faurrié, macastin !
Faire lou tour dóu mounde !

CHANSON DE NOCE

Que c'est beau, quel plaisir ! De telles noces il n'en est guère ! Que c'est beau, quel plaisir ! Nulle part on ne chante comme ici !

Pour voir telle abondance, pour voir tel festin, il faudrait, *sur ma foi !* faire le tour du monde !

Qu'acò 's bèu, que plesi !
    D'aquéli noço
    N' i' a pas foço !
Qu'acò 's bèu, que plesi !
En-lio canton coume eici !

O Prouvènço, ma maire,
Tant de chato e de flour,
Tant de joio e d'amour
Soun que dins toun terraire !

Qu'acò 's bèu, que plesi !
    D'aquéli noço
    N' i' a pas foço !
Qu'acò 's bèu, que plesi !
En-lio canton coume eici !

Lis àutris encountrado
N'an pas noste soulèu,
Nòste cèu blu tant bèu,
Nòsti dóuçi vesprado.

Qu'acò 's bèu, que plesi !
    D'aquéli noço
    N' i' a pas foço !
Qu'acò 's bèu, que plesi !
En-lio canton coume eici !

Que c'est beau, quel plaisir! De telles noces il n'en est guère! Que c'est beau, quel plaisir! Nulle part on ne chante comme ici!

O Provence, ma mère, tant de jeunes filles et de fleurs, tant de joie et d'amour, ne se trouvent que sur ton sol!

Que c'est beau, quel plaisir! De telles noces il n'en est guère! Que c'est beau, quel plaisir! Nulle part on ne chante comme ici!

Les autres contrées n'ont pas notre soleil, notre ciel bleu si beau, nos douces vêprées.

Que c'est beau, quel plaisir! De telles noces il n'en est guère! Que c'est beau, quel plaisir! Nulle part on ne chante comme ici!

N'an pas nòsti niue claro,
Nòstis estello d'or;
N'an pas noste bon cor
E nosto bello caro.

Qu'acò 's bèu, que plesi!
　　D'aquéli noço
　　N' i' a pas foço!
Qu'acò 's bèu, que plesi!
En-lio canton coume eici!

Pèr prene la cigalo,
N'an pas noste bon vin;
N'an pas lou jougne prim
De nòsti prouvençalo.

Qu'acò 's bèu, que plesi!
　　D'aquéli noço
　　N' i' a pas foço!
Qu'acò 's bèu, que plesi!
En-lio canton coume eici!

Aqui, i' a pas de dire,
Noun! Li chato, en-lio mai,
N'an aquéu galant biai,
N'an aquéli bon rire!

N'ont pas nos nuits claires, nos étoiles d'or ; n'ont pas notre bon cœur et notre belle mine.

Que c'est beau, quel plaisir ! De telles noces il n'en est guère ! Que c'est beau, quel plaisir ! Nulle part on ne chante comme ici !

Pour attraper la cigale *, ils n'ont pas notre bon vin ; ils n'ont pas la taille fine de nos provençales.

Que c'est beau, quel plaisir ! De telles noces il n'en est guère ! Que c'est beau, quel plaisir ! Nulle part on ne chante comme ici !

Là, il n'y a pas à dire non : les jeunes filles, nulle autre part, n'ont cette aimable allure, n'ont le rire si franc.

* Attraper la cigale, PRENE LA CIGALO, signifie, en Provence, s'enivrer, parce que, dans l'ivresse, on chante.

Qu'acò 's bèu, que plesi!
D'aquéli noço
N' i' a pas foço!
Qu'acò 's bèu, que plesi!
En-lio canton coume eici!

Soun pas tant trefoulido
Emé sis amourous;
N'an pas poutoun tant dous
E bouco tant poulido!

Qu'acò 's bèu, que plesi!
D'aquéli noço
N' i' a pas foço!
Qu'acò 's bèu, que plesi!
En-lio canton coume eici!

As agu bono idèio,
Estève moun ami,
De veni querre eici
Ta novio e ti dragèio.

Qu'aco 's bèu, que plesi!
D'aquéli noço
N' i' a pas foço!
Qu'acò 's bèu, que plesi!
En-lio canton coume eici!

Que c'est beau, quel plaisir ! De telles noces il n'en est
guère ! Que c'est beau, quel plaisir ! Nulle part on ne
chante comme ici !

Elles ne sont pas si folâtres avec leurs amoureux ; elles
n'ont pas baisers si doux ni bouche si jolie !

Que c'est beau, quel plaisir ! De telles noces il n'en est
guère ! Que c'est beau, quel plaisir ! Nulle part on ne
chante comme ici !

Tu as eu bonne idée, Étienne mon ami, de venir
chercher ici ta mariée et tes dragées.

Que c'est beau, quel plaisir ! De telles noces il n'en est
guère ! Que c'est beau, quel plaisir ! Nulle part on ne
chante comme ici !

Vès! coume èi gènto e bono!
Quétis iue dous ie fai!
Sies urouso, parai?
D'aquéu que Diéu te dono.

Qu'acò 's bèu, que plesi!
　D'aquéli noço
　N' i' a pas foço!
Qu'acò 's bèu, que plesi!
En-lio canton coume eici!

Lèvo toun gant de sedo,
E fai-me bèure un cop,
Novio! emplisse li got,
Que lou canta m'assedo!

Qu'aco 's bèu, que plesi!
　D'aquéli noço
　N' i' a pas foço!
Qu'acò 's bèu, que plesi!
En-lio canton coume eici!

Aquéu que dirié cebo,
Davans aquéu vin pur,
Meritarié, segur,
De béure d'aigo trebo! —

Voyez : qu'elle est bonne et gentille ! Quels doux yeux elle lui fait ! Tu es heureuse, n'est-ce pas ? de celui que Dieu te donne.

Que c'est beau, quel plaisir ! De telles noces il n'en est guère ! Que c'est beau, quel plaisir ! Nulle part on ne chante comme ici !

Ote ton gant de soie, et fais-moi boire un coup ! Mariée, emplis les verres, car le chanter m'altère !

Que c'est beau, quel plaisir ! De telles noces il n'en est guère ! Que c'est beau, quel plaisir ! Nulle part on ne chante comme ici !

Celui qui dirait grâce, devant ce vin pur, mériterait, certes ! de boire de l'eau trouble !

Qu'acò 's bèu, que plesi !
D'aquéli noço
N' i' a pas foço !
Qu'acò 's bèu, que plesi !
En-lio canton coume eici !

A l'amour ! à la joio !
Anen, à la santa
Dóu nouvèu marida,
De sa galanto novio !

Qu'acò 's bèu, que plesi !
D'aquéli noço
N' i' a pas foço !
Qu'acò 's bèu, que plesi !
En-lio canton coume eici !

Poulit coume soun paire,
Qu'un pichot innoucènt
Vèngue lèu, tout risènt,
Teta sa gènto maire !

Qu'acò 's bèu, que plesi !
D'aquéli noço
N' i' a pas foço !
Qu'acò 's bèu, que plesi !
En-lio canton coume eici !

Que c'est beau, quel plaisir ! De telles noces il n'en est
guère ! Que c'est beau, quel plaisir ! Nulle part on ne
chante comme ici !

A l'amour ! à la joie ! allons, à la santé du nouveau
marié, de sa fiancée charmante !

Que c'est beau, quel plaisir ! De telles noces il n'en est
guère ! Que c'est beau, quel plaisir ! Nulle part on ne
chante comme ici !

Joli comme son père, qu'un petit innocent, vienne
bientôt, plein de sourires, teter sa gracieuse mère !

Que c'est beau, quel plaisir ! De telles noces il n'en est
guère ! Que c'est beau, quel plaisir ! Nulle part on ne
chante comme ici !

Aro èi juste de béure
Pèr nautre !... Longo-mai,
Sieguen urous e gai,
Sieguen countènt de viéure !

Qu'acò 's bèu, que plesi !
    D'aquéli noço
    N' i' a pas foço !
Qu'acò 's bèu, que plesi !
En-lio canton coume eici !

La joio reviscoulo :
Arrapa pèr la man,
Sauten fin qu'à deman,
Dansen la farandoulo !

Qu'acò 's bèu, que plesi,
    D'aquéli noço
    N' i' a pas foço !
Qu'acò 's bèu, que plesi !
En-lio canton coume eici !

Ores, il convient de boire pour nous !... Longtemps encore, soyons heureux et gais, soyons contents de vivre !

Que c'est beau, quel plaisir ! De telles noces il n'en est guère ! Que c'est beau, quel plaisir ! Nulle part on ne chante comme ici !

La joie ravive : attrapés par la main, jusqu'à demain sautons, dansons la farandole !

Que c'est beau, quel plaisir ! De telles noces il n'en est guère ! Que c'est beau, quel plaisir ! Nulle part on ne chante comme ici !

A MADAMISELLO C... L...

EN IE MANDANT UNO ESTATUETO DE LA VIERGE

Vaqui la Vierge de la baumo,
La Vierge dòu jardin qu'embaumo ;
Emé si bras dubert, emé soun bèu front clin,
Soun long mantèu nousa sus l'anco ;
Velaqui 'mé sa raubo blanco !
Lou fres bouscage aro ie manco,
E pèr te plaire, o chato, elo vèn d'eilalin.

A MADEMOISELLE C... L...

EN LUI ENVOYANT UNE STATUETTE DE LA VIERGE

Voilà la Vierge de la grotte, la Vierge du jardin odorant; avec ses bras ouverts, avec son beau front incliné, son long manteau noué sur la hanche ; la voilà avec sa blanche robe ! Le frais bocage lui manque maintenant, et pour te plaire, ô jeune fille, elle vient de bien loin.

Eilalin, encò de moun fraire,
Vous, sias la rèino dóu terraire,
Vierge ! Avès un palais de roco, plen d'oumbrun ;
Avès la pas de la campagno,
Emé lis aubre pèr coumpagno ;
Avès la visto di mountagno,
Si dentiho de nèu, pourpalo au calabrun.

Li proumiéri flamo de l'aubo,
Lou matin, dauron vosto raubo ;
Lou grand soulèu levant vous vestis de trelus ;
Chascun vous fai sa benvengudo :
Lou parpaioun blanc vous saludo,
E tóuti li roso esmougudo
Escampon soun eigagno à vòsti bèu pèd nus.

La terro emé lou cèu fan fèsto ;
Lis aucèu alongon la tèsto
Foro di nis bressaire ounte couvon sis iòu :
Tout vous benesis, o Mario !
Murmur d'auro, vounvoun d'abiho...
La font claro pèr vous babiho ;
Pèr vous, entrefouli, canton li roussignòu.

Vaqui la Vierge de la baumo,
La Vierge dóu jardin qu'embaumo ;
Emé si bras dubert, emé soun bèu front clin,
Soun long mantèu nousa sus l'anco ;
Velaqui 'mé sa raubo blanco !
Lou fres bouscage aro ie manco,
Mai pèr te plaire, o chato, elo vèn d'eilalin.

Bien loin, chez mon frère, vous êtes, vous, la reine du pays, Vierge ! Vous avez un palais de roches plein d'ombre; vous avez la paix des champs et les arbres pour compagnie; vous avez la vue des montagnes, leurs dentelures de neige, empourprées au crépuscule.

Les premières flammes de l'aurore, le matin, dorent votre robe; le grand soleil levant vous revêt de splendeurs; chacun vous fait sa bienvenue; vous êtes saluée par le papillon blanc, et toutes les roses émues épanchent leur rosée à vos beaux pieds nus.

Le ciel est en fête avec la terre; les oiseaux allongent la tête hors des nids berceurs où ils couvent leurs œufs: tout vous bénit, ô Marie ! murmure de vent, bourdonnement d'abeilles... La claire fontaine babille pour vous; pour vous, tout frémissants, chantent les rossignols.

Voilà la Vierge de la grotte, la Vierge du jardin odorant; avec ses bras ouverts, avec son beau front incliné, son long manteau noué sur la hanche; la voilà avec sa blanche robe ! Le frais bocage lui manque maintenant, et pour te plaire, ô jeune fille, elle vient de bien loin.

La vilo, ounte l'ome varaio
Coume un trevan que vous esfraio,
Santo Vierge, aro dounc sara voste sejour !
La vilo, ounte coume en susàri
L'ome es presounié dins si bàrri,
Ounte li chivau e li càrri
Escrachon ce que passo e tronon niuech-e-jour.

Dins sa chambreto de chatouno
Anas-vous-en, douço patrouno !
Aqui, tempèsto d'ome, e crid, e brut que fan,
Tout s'abauco : es uno calanco.
E, se la luno, entre li branco,
Venié beisa vòsti man blanco,
Maire, aurés li poutoun de sa bouco d'enfant.

Pèr vous viha, bèn mai fidèlo
Que li luseto e lis estello
Qu'entreluson dins l'erbo e lou cèu vaste e clar,
Aurés uno lampo que briho,
Tóuti li niue ; aurés, Mario,
Tout soun amour de jouino fiho,
Tout soun gàubi gentiéu pèr pimpa voste autar.

Di floureto li mai requisto,
Joio à l'óudour, joio à la visto,
Elo courounara voste image de gip,
O Rèino ! E coume la tourtouro
Que se desgounflo, e canto, e plouro,
Vendra passa de bèllis ouro
A prega davans vous, e peréu à legi.

La ville où l'homme erre comme un fantôme qui effraie, Sainte Vierge, à présent sera donc votre séjour ! la ville où, comme en un suaire l'homme est prisonnier dans ses murailles, où les chevaux et les chars écrasent ce qui passe et tonnent jour et nuit.

Dans sa chambrette de jeune fille, allez-vous-en, douce patronne ; là, tempête d'hommes, et cris, et bruits qu'ils font, tout s'apaise : c'est un abri. Et, si la lune, entre les branches, venait, autrefois, baiser vos blanches mains, vous aurez, ô mère, les baisers de sa bouche d'enfant.

Pour vous veiller, bien plus fidèles que les lucioles et les étoiles qui scintillent dans l'herbe et dans le firmament clair et vaste, vous aurez une lampe qui brille, toutes les nuits ; vous aurez, Marie, tout son amour de jeune fille, toute sa gentillesse à parer votre autel.

Des fleurs les plus rares, joie de l'odorat, joie de la vue, elle fera des couronnes à votre image de gypse, ô Reine ! Et pareille à la colombe qui s'épanche et pleure et chante, elle viendra passer de belles heures à prier et à lire devant vous.

Es l'amigueto di Felibre,
E saup de cor tóuti si libre.
Queto amo douço e tèndro, e que fin esperit !
La jouveineto èi segnouresso
De bèuta coume de jouinesso :
Bèuta souvènt es amaresso...
O Mario, engardas la jouvo de soufri !

Es innoucènto, e douço, e bello,
E noun se crèi de si dentello ;
Dounas-ie lou bonur, d'abord qu'a la bèuta !
Pas dóu cor e joio de l'amo,
Dounas-ie tout, o Nostro-Damo !
E, pecaire ! se jamai amo,
Dounas à si pantai pleno felecita !

Vaqui la Vierge de la baumo,
La Vierge dóu jardin qu'embaumo,
Emé si bras dubert, emé soun bèu front clin,
Soun long mantèu nousa sus l'anco ;
Velaqui 'mé sa raubo blanco !
Lou fres bouscage aro ie manco,
E pèr te plaire, o chato, elo vèn d'eilalin !

Elle est l'amie des poètes provençaux, et sait par cœur tous leurs livres. Quelle âme douce et tendre, et quel esprit fin ! La jouvencelle est souveraine de beauté comme de jeunesse : beauté souvent est amertume... O Marie, gardez la jeune fille de souffrir !

Elle est douce, belle, innocente et point orgueilleuse de ses dentelles ; donnez-lui le bonheur, puisqu'elle a la beauté ! Joie de l'âme et paix du cœur, donnez-lui tout, ô Notre-Dame ! et si jamais, hélas ! elle aime, donnez à ses rêves pleine félicité !

Voilà la Vierge de la grotte, la Vierge du jardin odorant ; avec ses bras ouverts, avec son beau front incliné, son long manteau noué sur la hanche ; la voilà avec sa blanche robe ! Le frais bocage lui manque maintenant, et pour te plaire, ô jeune fille, elle vient de bien loin !

III

LOU LIBRE DE LA MORT

LE LIVRE DE LA MORT

PÈR TOUSSANT

AU FELIBRE J. B. GAUT

Tout se passis, tout gingoulo;
    La piboulo
Jito sa fueio au mistrau;
Plego coume uno amarino,
    E cracino
Au rounfla dóu vènt-terrau.

A LA TOUSSAINT

AU POÈTE J. B. GAUT

Tout se flétrit, tout se lamente ; le peuplier jette ses feuilles au mistral ; il plie comme un osier, et craque au grondement du vent de terre.

Au champ i'a plus ges d'espigo ;
  Li fournigo
Sorton plus foro si trau ;
Alongo plus si baneto,
  La mourgueto,
S'estrèmo dins soun oustau.

Sus l'éuse ges de cigalo :
  La fre jalo
Si mirau e sa cansoun ;
L'enfant de la granjo plouro :
  Ges d'amouro,
Ges de nis dins li bouissoun.

Mai un vòu de couquihado
  Esfraiado
Mounto e piéuto dins li niéu ;
Li chin japon : de tout caire,
  Li cassaire
Tiron de cop de fusiéu.

Dins lou rountau qu'esvalisson,
  Restountisson
Li destrau di bouscatié ;
L'auro boufo la fumado,
  La flamado
Di fournèu dóu carbounié.

Plus d'épis dans les champs ; les fourmis ne sortent plus de leurs trous ; plus n'allonge ses petites cornes, l'escargot : il s'enferme en sa maison.

Sur l'yeuse, pas de cigale : le froid gèle ses *miroirs* * et sa chanson ; l'enfant de la ferme pleure : plus de mûres ; dans les buissons plus de nids.

Mais un vol de cochevis effrayés monte et piaule dans les nues ; les chiens aboient : de tous côtés, les chasseurs tirent des coups de fusil.

Dans le tertre qu'ils démolissent, retentit la cognée des bûcherons ; la bise souffle la fumée et la flamme des fourneaux du charbonnier.

* En provençal on appelle MIRAU, miroirs, deux petites membranes luisantes et sonores que les cigales ont sous l'abdomen, et qui, par leur frottement, produisent le bruit connu sous le nom de chant.

Noun s'esmarro à la pasturo,
  Sus l'auturo,
Lou troupèu dins lis ermas ;
Lou pastre embarro si fedo
  Dins li cledo ;
Tanco la porto dóu jas.

Lis ome au cagnard fustejon
  E flasquejon ;
A la calo d'un paié,
I' a 'n bèu roudelet de fiho
  Que babiho
E treno de rèst d'aiet.

Darrié li bos sènso oumbrage,
  Sèns ramage,
S'es escoundu lou soulèu ;
Dins li vigno rapugado
  E poudado,
Li femo fan de gavèu.

Li paure acampon de busco
  E la rusco
Dis aubre, pèr soun fougau ;
Van rouda pèr li vilage,
  Li meinage,
Las, espeiandra, descau.

Plus ne s'égare, en allant paitre, sur la hauteur, le troupeau dans les landes ; le berger enferme ses brebis dans les claies ; il accote la porte du bercail.

Les hommes, à l'abri, charpentent, et vident les flacons ; devant une meule de paille, est un beau cercle de filles qui babillent et tressent des guirlandes d'aulx.

Derrière les bois sans ombre et sans ramage, s'est caché le soleil ; dans les vignes grapillées et taillées, les femmes lient le sarment à faisceaux.

Les pauvres amassent des bûchettes et l'écorce des arbres pour leur foyer ; ils vont rôder par les villages, les métairies, las, en haillons, pieds nus.

A la chatouno ourfanello ,
        Meigrinello ,
Baias quaucarèn : a fam !
Dedins sa man palinouso
        E crentouso ,
Leissas toumba 'n tros de pan.

Fasès part de la fournado.
        Courchounado
A la véuso qu'es en plour :
Elo jamai fai farino ,
        La mesquino !
N'a jamai de cuecho au four.

Lou tèms èi negre à la baisso...
        Quento raisso !
Trono , plòu , lou Rose crèi :
La Mort camino , es en aio ;
        De sa daio
Sègo li jouine e li vièi.

A la fillette orpheline, maigrelette, donnez quelque chose : elle a faim ! Dans sa main pâlie et honteuse, laissez choir un morceau de pain.

De la fournée aux blonds quignons faites part à la veuve qui pleure; elle ne moud jamais farine, la malheureuse ! jamais elle n'a du pain à cuire au four.

Le temps est noir, vers le sud... Quelle averse ! Il tonne, il pleut, le Rhône croit : la Mort marche, elle s'empresse ; de sa faux elle fauche les jeunes et les vieux.

LA FAM

A MADAMO NORBERT BONAFOUS

La maire li couchè, mai li pàuris enfant
Virouion dins la brèsso, e rouvihon de fam.

— Quouro manjan, ma maire, quouro?
Qu'aqueste cop fugue de-bon !
— Vous torne à dire qu'èi pas l'ouro ;
Anen, fasès encaro un som !

LA FAIM

A MADAME NORBERT BONAFOUS

La mère les coucha, mais les pauvres enfants se retournent dans la berce, et se plaignent de la faim.

———

— Quand mangeons-nous, ma mère, quand ? Que cette fois-ci soit la vraie ! — Je vous redis que ce n'est pas l'heure ; allons, faites encore un somme !

Toujour vosto bouco èi duberto,
Toujour, de fam, toujour badas !
Plegas-vous dins vosto cuberto,
E teisas-vous ! De-que cridas ?

Fau toujour de pan ! La becado,
Lou bon Diéu la mando is aucèu,
E sèmpre, o ma pauro nisado,
Sies à l'espèro dóu moussèu !

De pan, n' i' a plus dins la paniero ;
De-matin, l'avès acaba.
Janet, mounto sus la cadiero :
Regardo, se me creses pa !

I'a rèn... tè ! Digo l'à ti fraire :
Me creson pas, te creiran, tu !
N'es ana querre, voste paire,
E voste paire rintro plu ! —

— Quant èi d'ouro ? — Nòu ouro e miejo.
— Êi bèn tardié, mounte es ana ?
— Sabès ce qu'a di : — Li man viejo,
Pichot, vole pas m'entourna !

— La fre, la fam nous agouloupo ;
La chambro èi negro... vendra lèu ?
Passa-tèms, trempaves la soupo,
O maire, au tremount dóu soulèu !

Toujours votre bouche est ouverte; toujours, de faim, toujours vous béez! Pliez-vous dans votre couverture, et taisez-vous! Pourquoi crier ainsi?

Il faut toujours du pain! La becquée, aux oiseaux le bon Dieu l'envoie, et toujours, ô ma pauvre nichée, tu es à l'attente du morceau.

Du pain, il n'y en a plus dans la huche; ce matin, vous l'avez achevé. Jeannet, monte sur la chaise : regarde, si tu ne m'en crois pas!

Il n'y a plus rien... tiens! Dis-le à tes frères : ils ne veulent pas me croire, ils te croiront, toi! Il est allé en chercher votre père, et votre père ne rentre plus! —

— Quelle heure est-ce ? — Neuf heures et demie. — Il est bien tardif! où est-il allé ? — Vous savez ce qu'il a dit : — Les mains vides, petits, je ne veux pas m'en revenir!

— Le froid, la faim nous enveloppe, la chambre est noire... viendra-t-il bientôt?... Autrefois, tu trempais la soupe, ô mère, au coucher du soleil!

Quouro manjan, ma maire, quouro?
Qu'aqueste cop fugue de-bon !
— Pàuri pichot, n'es panca l'ouro;
Teisas-vous, e fasès un som !

— Quouro manjan, o maire, quouro?...

Lis enfant soun coucha, mai podon pas dourmi :
La som, quand avès fam, es marrido à veni !

Quand mangeons-nous, ma mère, quand ? Que cette fois-ci soit la vraie ! — Pauvres petits, ce n'est pas l'heure encore ; taisez-vous, et faites un somme !

— Quand mangeons-nous, ô mère, quand ?...

Les enfants sont couchés, mais ils ne peuvent pas dormir : le sommeil, aux affamés, est bien dur à venir !

LOU LUME

A LUDOVI LEGRÉ

Dedins la chambro un lume viho ;
An barra coume s'èro niue ;
Tout à l'entour dóu brès s'assèto la famiho.
Dirias encaro que soumiho,
L'enfant, mai es la mort que i' a plega lis iue.

LA LAMPE

A LUDOVIC LEGRÉ

Dans la chambre une lampe veille ; on a clos comme s'il était nuit ; tout autour du berceau s'assied la famille. Vous diriez qu'il sommeille encore, l'enfant, mais c'est la mort qui lui a fermé les yeux.

En un caire la maire es muto.
Si vesin volon ie parla ;
Ie farié tant de bèn de se 'n pau desgounfla !
E la pauro toujour rebuto
Li gènt que volon l'assoula.

E d'enterin, en renguierado,
Li clerjoun e lou capelan,
Sèns muta, vers l'oustau venien ; e, sus si piado,
S'acampavo uno moulounado
De femo, de chatouno e de pichots enfant.

Vaqui la maire que s'aubouro ;
Lis entènd camina : — Bon Diéu !
Me lou vènon cerca, mai l'auran pas, moun fiéu ! —
E vaqui que crido e que plouro :
— Paure pichot ! pauro de iéu ! —

Contro la maire mita morto,
Alor tóuti se soun sarra,
Pèr i' escoundre lou brès, pèr i'escoundre la porto...
Mai arribo un ome qu'emporto
Lou paure pichounet, tout muda, dins si bra.

E pamens, dedins la carriero,
Lou capelan e li clerjoun
S'entournavon plan-plan, quand la maire, d'un bound,
Se jito dessus la bressiero
Que sa parentèlo i' escound.

En un coin, la mère est muette. Ses voisins veulent lui parler ; il lui ferait tant de bien de s'épancher un peu ! Et la pauvre toujours repousse ceux qui veulent la consoler.

Et cependant en longues rangées, les petits clercs et le prêtre, silencieux, vers la maison venaient ; et, sur leurs pas, s'amassait une multitude de femmes, de jeunes filles et de petits enfants.

Voilà la mère qui se dresse ; elle entend marcher : — Bon Dieu ! ils viennent me le prendre, mais ils ne l'auront pas, mon fils ! — Et la voilà qui crie et qui pleure : — Pauvre petit ! malheur à moi ! —

Contre la mère morte à moitié, tous aussitôt se sont serrés, pour lui cacher le berceau, pour lui cacher la porte... Mais arrive un homme qui emporte le pauvre petit enfant, tout emmaillotté, dans ses bras.

Et pourtant, dans la rue, le prêtre et les enfants de chœur retournaient lentement, quand la mère, d'un bond, se jette sur la berce que lui cache sa parenté.

— Ah ! crese que n'en vendrai folo...
    Es feni ! Me l'an empourta !
E me rèsto plus rèn, plus rèn que sa bressolo ;
    Ah ! touto ma car n'en tremolo :
Pauro maire ! plus ges d'enfant pèr me teta !

    Miqueloun ! moun drole, moun drole !...
    Moun paure pichot innoucènt,
Que l'ai tant tintourla, qu'avèn tant jouga 'nsèn !...
    De si pichòti man, iéu vole
    Que me grafigne enca lou sen !

    Avé trima tant de niuechado
    A lou viha tout malautoun,
Pèr lou vèire mouri dedins uno passado,
    Mouri dedins mis embrassado,
Pèr lou vèire mouri, bon Diéu, sus mi geinoun !

    Se sabias ce qu'es uno maire !
    Oh ! de tant de plagne i' a res !
Iéu que l'ai escapa, moun enfant, tant de fes !
    Iéu que l'ai abari, pecaire,
    Enjusque dins si quinge mes !

    Santo Vierge, ai fa de nouveno
    Qu saup quant ? N'ai rèn espargna :
Pèr éu moun la, pèr éu tout lou sang de mi veno...
    E me lou raubes ?... Vau la peno,
Vau la peno, grand Diéu, de me l'agué baia !

— Ah ! je crois que j'en deviendrai folle... C'est fini ! Ils me l'ont emporté ! Et plus rien ne me reste, plus rien que son berceau ; ah ! toute ma chair en frissonne : pauvre mère, plus d'enfant pour me teter !

Miqueloun ! mon fils, mon fils !... Mon pauvre petit innocent, que j'ai tant dorloté, avec qui nous avons tant joué ensemble !... De ses petites mains, je veux, moi, qu'il m'égratigne encore le sein !

S'être harassée tant de nuits à le veiller tout malade, pour le voir mourir en un instant, mourir dans mes embrassements, pour le voir mourir, bon Dieu, sur mes genoux !

Si vous saviez ce que c'est qu'une mère ! Oh ! de tant à plaindre, il n'est personne ! Moi qui l'ai sauvé, mon enfant, tant de fois ! Moi qui l'ai élevé, pauvret, jusque dans ses quinze mois !

Sainte Vierge, j'ai fait des neuvaines, qui sait combien ? Je n'ai rien épargné : pour lui mon lait, pour lui tout le sang de mes veines... Et tu me le ravis ?... Vaut-il la peine, vaut-il la peine, grand Dieu, de me l'avoir donné !

E li vesin s'arregardavon.
La maire jitavo qu'un crid :
— Moun drole èi mort, e iéu tambèn vole mouri ! —
Enjusqu'i vièi, tóuti plouravon,
O de la vèire o de l'ausi.

Pamens, eiçà, sus la vesprado,
Dins l'oustau tout s'èro teisa.
Li femo, d'à cha pau, s'èron desseparado ;
La chambro, adès, qu'èro barrado,
La chambro èro duberto e lou lume amoussa.

Et les voisins se regardaient. La mère ne jetait qu'un cri :
— Mon fils est mort, et moi aussi je veux mourir ! —
Jusqu'aux vieillards, tous pleuraient, ou de la voir ou de
l'entendre.

Cependant, quand vint le soir, dans la maison tout
avait fait silence. Les femmes, peu à peu, s'étaient sépa-
rées ; la chambre, qui tantôt était fermée, la chambre était
ouverte, et la lampe éteinte.

LOU TREGEN

AU FELIBRE LOUIS ROUMIEUX

Leissas, leissas li viéure sus la taulo ;
Leissas, leissas lou béure dins li got.
Fugués aqui coume lou cat que miaulo
Davans la car pendoulado à-n-un cro.
Bramas de fam, e que tout se refrejo,
Sènso ie mordre e sènso rèn tasta !
Vous ai coumta, galois ami, sias tregc,
Galois ami, sias trege bèn coumta !

LE TREIZAIN

AU POÈTE LOUIS ROUMIEUX

— Laissez, laissez les mets sur la table; laissez, laissez la boisson dans les verres. Soyez là comme le chat qui miaule devant la chair pendue au croc. Criez de faim, et que tout se glace, sans mordre et sans toucher à rien ! Je vous ai comptés, joyeux amis, vous êtes treize; joyeux amis, vous êtes treize bien comptés !

— Es proun verai, crido la troupelado,
Sian trege à taulo, e 'm' acò, de-que-vòu?...
Eh! d'autant mai es longo la taulado,
Dóu mai se ris e se i' apound de fòu!
— Eh bèn! li fòu, es iéu que lis eigreje,
E li plus fièr an pòu de me turta.
Risès, risès, galois ami! Sias trege;
Galois ami, sias trege bèn coumta!

— Creses bessai estoufa noste rire?
Sies, pèr ma fe, bravamen sournaru!
D'ounte acò vèn? Iéu parie de lou dire:
Ah! de-segur, èi que n'as pas begu!
Pren aquéu got, touquen, e que courseje
Tout lou charpin que vos nous embasta!
— Iéu, ai pas set! Galois ami, sias trege;
Galois ami, sias trege bèn coumta!

— Mai, digo-nous quau sies, treboulo-fèsto!
Quete èi toun noum, e toun obro, queto èi?
— Iéu, siéu la Mort: arregardas ma tèsto!
Darrié li viéu camine, e res me vèi.
Iéu porte esfrai, iéu fau gau, iéu mestreje,
E toujour vène à taulo m'asseta,
Quand li manjaire à tauleja soun treje;
Vàutri peréu sias trege bèn coumta!

— Vraiment, s'écrie la bande, nous sommes treize à table, et puis, que nous veut-il ?... Eh ! plus la table est longue, plus on y rit et plus s'y groupent de fous ! — Eh bien ! les fous, c'est moi qui les émoustille, et les plus fiers ont peur de me heurter. Riez, riez, joyeux amis ! Vous êtes treize ; joyeux amis, vous êtes treize bien comptés !

— Tu crois, peut-être, étouffer notre rire ? Tu es, ma foi ! terriblement morose ! Eh ! pourquoi donc ? Je parie de le dire : ah ! certes, c'est que tu n'as pas bu ! Prends ce verre, trinquons, et qu'il mette en fuite tout le chagrin dont tu veux nous charger ! — Je n'ai pas soif ! Joyeux amis, vous êtes treize ; joyeux amis, vous êtes treize bien comptés !

— Mais, dis-nous qui tu es, ô trouble-fête ! Quel est ton nom, ton œuvre quelle est-elle ? — Je suis la Mort : regardez ma tête ! Derrière les vivants je marche, et nul ne me voit. Moi, je porte effroi, moi je fais envie, moi je suis maîtresse, et je viens toujours à table m'asseoir, quand les mangeurs à banqueter sont treize ; or, vous êtes treize bien comptés !

— Es tu, la Mort?... Siéu bèn countènt de i'èstre !
Crido un jouvènt qu'avié lou vèire en man.
Parlon de tu coume d'un escaufèstre?
Mai ounte soun, o Mort, tis espravant?
Vèngues jamai qu'à l'ouro que tauleje;
Iéu vole agué ma sieto à toun cousta...
— Tas-te, jouvènt ! Vène emé iéu, fas trege;
Fatalamen, fas trege bèn coumta ! —

Coume un rasin debano de la souco,
Quand lou coutèu ie tranco lou pecou,
Lou got tout ras ie toumbo de la bouco;
Lou bèu jouvènt tressuso à gros degout.
— Se vènes pas, dis la Mort, te carreje ! —
E sus soun còu, de caire l'a jita :
— Tóuti li cop qu'à taulo sarés trege,
Dounas-vous siuen, car vendrai vous coumta !

— C'est toi la Mort ?... Je suis très-content d'assister à la scène! crie un jeune homme qui avait le verre en main. On parle de toi comme d'un épouvantail? mais, ô Mort, où sont tes affres? Ne viens jamais qu'à l'heure où je banquette; je veux avoir mon assiette à ton côté... — Tais-toi , jeune homme! Avec moi , viens ! tu fais treize ; fatalement, tu fais treize bien comptés !

Comme un raisin tombe du cep, quand le couteau tranche le pédoncule, le rouge-bord lui tombe de la bouche ; le beau jeune homme sue à grosses gouttes froides. — Si tu ne viens pas, dit la Mort, je te charrie! — Et sur son cou, en travers, elle l'a jeté : — Toutes les fois qu'à table vous serez treize , prenez bien garde , car je viendrai vous compter !

LI BELLOIO DE LA MORTO

Anen, dins lou mirau, novio, miraio-te :
Arregardo ti bras, e ti man, e ti det ;
Arregardo toun còu, toun sen e tis auriho :
Sies bello ! de pertout l'or e lou diamant briho.

As pas crento, o jouineto, e lou véuse èi countènt !...
Vai ! te crèigues pas tant, femo, qu'a passa tèm,
Em' aquéli diamant, em' aquéli dentello,
Coume tu, mai que tu, la morto fuguè bello !

LES ATOURS DE LA MORTE

Allons, dans le miroir, mire-toi, fiancée ! Contemple tes bras, et tes mains, et tes doigts; contemple ton cou, ton sein et tes oreilles; tu es belle ! de partout, l'or et le diamant brillent.

Tu n'as pas honte, ô jeunette, et le veuf est content !... Va, femme, ne sois pas si fière, car, jadis, avec ces dentelles, avec ces diamants, comme toi, plus que toi, la morte fut belle !

O, roso èro sa caro e dous soun parauli ;
O, sa bouco èro fresco e soun rire pouli ;
Pèr elo, de l'amour èro alor la primo aubo ;
O, roso èro sa caro, e blanco èro sa raubo.

Tu, mounte èi toun amour? Mounte vas te nega?
Agradaves au vièi, te sies facho paga :
I' a pancaro sièis mes que l'autro es en susàri,
O chato ! e, sèns respèt, i' as cura soun armàri !

Vai ! dedins toun mirau, novio, miraio-te !
Arregardo ti bras, e ti man, e ti det ;
Arregardo toun còu, toun sen e tis auriho :
Sies bello ! de pertout l'or e lou diamant briho.

Oh ! sies bello ! — Pamens, pèr te metre en camin,
Laisso veni la niue, que lou chereverin,
Lou brama dis enfant, aquest vèspre t'espèro...
Novio ! sounjo à la morto, eilà, dessouto terro !

Camino d'escoundoun, camino sènso brut ;
E se 'n cop tornes, pièi, 'mé lou tèms sournaru,
Vai plan, sus l'escalié, vai plan, davans ta porto,
O femo, en arribant, de pas trouva la morto !

Oui, son visage était rose et son langage doux ; oui, sa bouche était fraîche et son sourire beau ; pour elle, de l'amour c'était alors l'aube première ; oui, rose était son visage, et blanche était sa robe.

Toi, où est ton amour ? Où vas-tu donc te perdre ? Tu plaisais au vieillard, tu t'es fait acheter : il n'y a pas six mois encore que l'autre est en suaire, ô jeune fille ! et, sans respect, tu as vidé son armoire !

Va ! dans ton miroir, mire-toi, fiancée ! Contemple tes bras, et tes mains, et tes doigts ; contemple ton cou, ton sein et tes oreilles : tu es belle ! de partout, l'or et le diamant brillent.

Oh ! tu es belle ! — Pourtant, laisse venir la nuit, pour te mettre en chemin, car le charivari, la huée des enfants t'attendent, ce soir... Fiancée ! songe à la morte, là-bas, sous terre !

Marche en cachette, marche sans bruit ; et quand tu reviendras, par le temps sombre, va doucement, sur l'escalier, va doucement devant ta porte, ô femme, en arrivant, de ne pas trouver la morte !

LOU 9 TERMIDOR

A MOUN MÈSTRE ROUMANIHO

> Ahi dura terra, perchè non t'apristi ?
> DANTE. (*Infern.* c. XXXIII.)

— Mounte vas emé toun grand coutèu ?
— Coupa de tèsto : siéu bourrèu.

— Mai lou sang a giscla sus ta vèsto,
Sus ti det... bourrèu, lavo ti man.
— E perqué ? Coumence mai deman :
Rèsto encaro à sega tant de tèsto !

LE NEUF THERMIDOR

A MON MAITRE ROUMANILLE

> Ah ! dure terre, pourquoi ne t'ouvris-tu pas ?
> DANTE. (*Enfer.* c. XXXIII.)

— Où vas-tu avec ton grand couteau ? — Couper des têtes : je suis bourreau.

— Mais le sang a jailli sur ta veste, sur tes doigts... bourreau, lave tes mains. — Et pourquoi ? Demain je recommence : il reste encore à faucher tant de têtes !

— Mounte vas emé toun grand coutèu?
— Coupa de tèsto : siéu bourrèu.

— Sies bourrèu ! lou sabe. Sies-ti paire?
Un enfant t'a jamai esmougu.
Sèns ferni, e sènso avé begu,
Fas mouri lis enfant e li maire !

— Mounte vas emé toun grand coutèu?
— Coupa de tèsto : siéu bourrèu.

— De ti mort la plaço es caladado !
Ce qu'èi viéu te prègo d'à-geinoun.
Digo-me se sies ome vo noun...
— Laisso-me, qu'acabe ma journado.

— Mounte vas, emé toun grand coutèu?
— Coupa de tèsto : siéu bourrèu.

— Digo-me quete goust a toun béure.
Dins toun got n'escumo pas lou sang?
Digo-me, se quand trisses toun pan,
Creses pas de car faire toun viéure.

— Mounte vas, emé toun grand coutèu?
— Coupa de tèsto : siéu bourrèu.

— La susour, lou lassige t'arrapo...
Pauso-te ! Toun coutèu embreca,
O bourrèu, pourrié proun nous manca,
E malur, se la vitimo escapo !

— Où vas-tu avec ton grand couteau ? — Couper des têtes : je suis bourreau.

— Tu es bourreau ! Je le sais. Es-tu père ? Un enfant ne t'a jamais ému. Sans frissonner et sans avoir bu, tu fais mourir les enfants avec les mères.

— Où vas-tu avec ton grand couteau ? — Couper des têtes : je suis bourreau.

— La place est pavée de tes morts. Ce qui vit te prie à genoux. Dis-moi si tu es homme ou non ?... — Laisse-moi, que j'achève ma journée.

— Où vas-tu avec ton grand couteau ? — Couper des têtes : je suis bourreau.

— Dis-moi quel goût a ton breuvage. Dans ton gobelet, n'écume-t-il pas, le sang ? Dis-moi, si quand tu broies ton pain, tu ne crois pas de chair faire ton vivre ?

— Où vas-tu avec ton grand couteau ? — Couper des têtes : je suis bourreau.

— La sueur, la lassitude te saisit... repose-toi ! Ton couteau ébréché, ô bourreau, pourrait bien nous manquer, et malheur, si la victime échappe !

— Mounte vas, emé toun grand coutèu ?
— Coupa de tèsto : siéu bourrèu.

— A 'scapa ! Bouto, à toun tour, ta gaulo
Sus lou plo rouge de sang móusi.
De toun còu li tento van cruci !
O bourrèu, quouro ta tèsto sauto ?

Amoulas de-fres lou grand coutèu :
Tranquen la tèsto dóu bourrèu !

— Où vas-tu avec ton grand couteau ? — Couper des têtes : je suis bourreau.

— Elle a échappé ! Mets, à ton tour, ta joue sur le billot rouge de sang moisi. De ton cou les tendons vont craquer. Quand, ô bourreau, ta tête saute-t-elle ?

— Aiguisez de frais le grand couteau : tranchons la tête du bourreau !

LA BLODO NEGRO

A WILLIAM C. B. WYSE

DE WATERFORD (IRLANDO)

Pichot enfant vesti de dòu,
Rises emé ta blodo negro :
Sabes pas ce qu'èi que t'alegro,
D'èstre vesti tout flame-nòu !

Ta maire, blanco e toujour bello,
T'an di que dor, e sies countènt.
Ai ! paure, esperaras longtèm
Avans que duerbe li parpello.

LA BLOUSE NOIRE

A WILLIAM C. B. WYSE

DE WATERFORD (IRLANDE)

Petit enfant vêtu de deuil, tu ris avec ta blouse noire ; tu es joyeux d'être vêtu de neuf, tu ne comprends pas ce qui cause ta joie !

Ta mère, blanche et toujours belle, on t'a dit qu'elle dort, et tu es content. Ah ! infortuné, tu attendras longtemps avant qu'elle ouvre les paupières.

Quand, de-vèspre, barres lis iue,
Tu, lou clar soulèu te reviho :
Pèr li mort ges de soulèu briho,
Emé la mort èi toujour niue.

Mai qu'èi la mort ? — Acò t'agrado
D'èstre nòu de la tèsto i pèd ;
E te creses bèu, à respèt
Dóu vièsti de ti cambarado.

An si blodo di jour oubrant ;
Innoucènt, tu, ie fas lingueto
Ah ! d'aquelo negro teleto
Que vas ploura, quand saras grand !

Pèr tu la mort es un mistèri,
Tout-bèu-just sies à toun matin ;
Coume dedins un gai jardin,
Jougariés dins lou çamentèri.

Brandaves pas de toun oustau,
De tu ta maire n'èro folo ;
Te bandiran, aro, à l'escolo,
Vers quauque magistre brutau.

Ta maire à prega t'ensignavo,
A geinoun dessus si geinoun ;
Peréu te fasié 'n gros poutoun,
Tóuti li cop que te signavo.

Quand, le soir, tu clos les yeux, toi, le clair soleil te réveille : pour les morts, point de soleil brille ; avec la mort, il est toujours nuit.

Mais, qu'est-ce la mort ? — Cela t'agrée d'être vêtu de neuf, de la tête aux pieds ; et tu te crois beau, eu égard au vêtement de tes camarades.

Ils ont leurs blouses des jours ouvriers ; innocent, tu leur fais envie. Ah ! de cette toilette noire que tu vas pleurer, quand tu seras grand !

Pour toi la mort est un mystère ; tu es à peine au matin de ta vie ; comme dans un gai jardin, tu jouerais dans le cimetière.

Tu ne bougeais pas de ton logis, ta mère était folle de toi ; on te chassera, maintenant, à l'école, vers quelque magister brutal.

Ta mère à prier t'enseignait, à genoux sur ses genoux, et te faisait un gros baiser, toutes les fois qu'elle te signait.

Tu manjaves dins soun cuié ;
Ta farineto, la boufavo ;
Pièi, dedins si bras te bressavo
En cantant, e la som venié.

Aro, manjaras dins un caire ;
Jamai plus res te bressara ;
Plus res jamai te respoundra
Se vènes à souna ta maire.

O paure enfant vesti de dòu,
Rises emé ta blodo negro :
Sabes pas ce qu'èi que t'alegro,
D'èstre vesti tout flame-nòu !

Toi, tu mangeais dans sa cuiller; ta bouillie de fleur de farine, elle la refroidissait de son souffle; puis dans ses bras elle te berçait en chantant, et venait le sommeil.

Maintenant, tu mangeras dans un coin; nul jamais ne te bercera plus; nul ne te répondra jamais, si tu viens à appeler ta mère.

O pauvre enfant vêtu de deuil, tu ris avec ta blouse noire; tu es joyeux d'être vêtu de neuf, tu ne comprends pas ce qui cause ta joie !

LA PIÉUCELLO

Pèr agué de ti sòu sabe ce que fau faire :
Ai uno chato, èi jouino, èi gaiardo, a sege an !
De mai bravo, n' i' a ges ; de tant bello, n' i' a gaire.
Faurrié veni t'adurre aquelo pauro enfant ;
La marcandejariés !... Que lou bon Diéu m'escrache,
Se te vènde jamai l'enfant qu'ai fa teta !
　　　I' a que tu pèr faire un tau pache...
Lou tron de Diéu te cure, o vièi sarro-pata !

PUELLA

Pour avoir de tes sous, je sais ce qu'il faut faire : j'ai une fille, elle est jeune, elle est saine et fraîche, elle a seize ans ! De plus sage, il n'en est pas ; d'aussi belle, il n'en est guère. Il faudrait t'amener cette pauvre enfant ; tu la marchanderais !... Que le bon Dieu m'écrase, si je te vends jamais l'enfant que j'ai allaitée ! Toi seul pourrais faire un tel pacte... — Que le tonnerre de Dieu te creuse, vieux serre-piastres !

Courduro, sènso pauso, an ! courduro, mignoto;
As rèn dourmi : se pos, faras un som deman.
Toun paire es tant malaut, ti sorre tant pichoto !
Nous rèsto plus que tu pèr acampa de pan.
Mouriras, se lou fau, ma chato, dins toun caire ;
Se lou fau, mouriren tóuti, à toun cousta...
　　　Voulèn rèn de tu, laid manjaire !
Lou tron de Diéu te cure, o vièi sarro-pata !

Couds, sans repos, allons ! couds, ma bien aimée ; tu n'as pas dormi : si tu peux, tu feras demain un somme. Ton père est si malade et tes sœurs si petites, qu'il ne nous reste plus que toi pour amasser du pain. Tu mourras, s'il le faut, ma fille, dans ton coin ; s'il le faut, nous mourrons tous à ton côté... Nous ne voulons rien de toi, hideux mangeur ! — Que le tonnerre de Dieu te creuse, vieux serre-piastres !

LIS INNOUCÈNT

OBRO TERNENCO

I

LOU CHIN DE SANT JOUSÈ

A JULI GIERA

Lou soulèu viro, e foro dis oustau
Tóuti s'envan cerca 'n pau la fresquiero.
Quéti bon rire! arregardas, fan gau,
Lis enfantoun qu'au mièi de la carriero,
Danson un brande arrapa pèr la man...
     Un chin, de-longo, eilà gingoulo :
Fai tremoula li maire, aplanto lis enfant,
    Soun crid que jalo li mesoulo !

LES INNOCENTS

TRILOGIE

I

LE CHIEN DE SAINT JOSEPH

A JULES GIÉRA

Le soleil tourne, et tout le monde, hors des maisons, va chercher un peu de fraîcheur. Quels bons rires ! Voyez, ils font plaisir les petits enfants qui, au milieu de la rue, dansent une ronde en se tenant par la main. Un chien, continuellement, hurle, là-bas, d'un cri plaintif. Il fait trembler les mères, il arrête les enfants, son cri qui gèle les moelles !

— Per-de-que, maire, aquéu chin qu'a japa?
— N'en sabe rèn! Sabe pas que vòu dire.
— O quet esfrai! — Hè! vous esfraiés pa;
Poudès sauta, mis enfant, poudès rire:
Dins lou quartié i'a pas ges de malaut. —
  E tournamai lou chin gingoulo,
Tournamai restountis coume un tron sènso uiau,
  Soun crid que jalo li mesoulo!

— I'a pas de que nous douna tant de pòu:
Es pièi qu'un chin dedins aquel estable;
L'an embarra: (pourrié n'en veni fòu!)
Vaqui perqué fai un sabat dóu diable!
Durbès la porto, anas querre la clau,
  E veirés se toujour gingoulo. —
E ie duerbon... e jito, en sautant dóu lindau,
  Un crid que jalo li mesoulo!

— Oi! es Labri, lou chin de Sant Jóusè,
Qu'un paure pastre aduguè di mountagno;
Ei bèn acò, car a, coume vesè,
Lou mourre blanc e la tèsto castagno;
La niue passado, en partènt, l'an leissa,
  E dóu làngui lou chin gingoulo,
E creiriéu que quaucun pamens vai trespassa,
  Tant soun crid jalo li mesoulo!

— Pourquoi, mère, ce chien a-t-il aboyé ? — Je n'en sais rien ! Je ne sais pas ce que cela veut dire. — Oh ! quel effroi ! — Eh ! ne vous effrayez pas ; vous pouvez sauter, mes enfants, vous pouvez rire : dans le quartier, il n'y a pas de malades. — Et, de nouveau, le chien hurle, plaintif, de nouveau retentit comme un tonnerre sans éclair, son cri qui gèle les moelles !

— Il n'y a pas de quoi nous donner tant de peur. Ce n'est, après tout, qu'un chien dans cette étable ; on l'a enfermé : (il pourrait en devenir fou !) voilà pourquoi il fait un sabbat d'enfer ! Ouvrez la porte, allez quérir la clef, et vous verrez s'il hurle encore. — Et on lui ouvre... et il jette, en bondissant du seuil, un cri qui gèle les moelles !

— Tiens ! c'est Labri, le chien de Saint Joseph, qu'un pauvre pâtre amena des montagnes. C'est bien cela, car il a, comme vous voyez, le museau blanc et la tête châtain. La nuit passée, en partant on l'a laissé, et d'ennui le chien hurle et se plaint, et je croirais pourtant que quelqu'un va trépasser, tant son cri gèle les moelles !

— Labri ! Labri ! cridavon lis enfant,
Fasen ensèn quàuqui cambareleto...
Mai t'enchau pas, fougnes ; as belèu fam ?
Vaqui de pan ! — De si bèlli maneto
Lis innoucènt lèu-lèu l'an flateja...
  Oh ! mai lou chin sèmpre gingoulo,
E li regardo, e crido, e noun vòu rèn manja,
  E soun crid jalo li mesoulo !

— Labri ! Labri ! mai nous counèisses plus ! —
E chasque enfant, alor, s'escarrabiho,
E fai de bound pèr ie sauta dessus,
Tiro sa co, s'aganto à sis auriho...
Toujour pamens lou chin crido plus fort ;
  Mai es pas pèr rèn que gingoulo :
Aquéu brama de chin es un brama de mort,
  Brama que jalo li mesoulo !

Eilà, que vese ?... Es de pòusso o de fum,
Sus lou camin... Es lou vòu d'uno armado.
Ausès de liuen crèisse soun tremoulun,
Arregardas quant d'espaso tirado !
Ome e chivau arribon tout relènt.
  E subran lou chin que gingoulo
Partiguè 'n gingoulant au founs de Betelèn...
  Soun crid jalavo li mesoulo !

— Labri ! Labri ! criaient les enfants, faisons ensemble quelques cabrioles... Mais point ne t'en soucie, tu boudes ; peut-être as-tu faim ? Voilà du pain. — De leurs belles menottes, les innocents aussitôt l'ont caressé... Oh ! mais le chien hurle toujours plaintivement, et il les regarde, et il crie, et il ne veut rien manger, et son cri gèle les moelles !

— Labri ! Labri ! Mais tu ne nous connais plus ? — Et chaque enfant, lors, s'émoustille, et fait des bonds pour lui sauter dessus, tire sa queue, se prend à ses oreilles... Toujours plus fort cependant crie le chien ; mais ce n'est pas pour rien qu'il hurle, plaintif : cet aboiement de chien est un aboiement de mort, aboiement qui gèle les moelles !

Là-bas, que vois-je ?... Est-ce de la poussière ou de la fumée, sur le chemin... C'est le tourbillon d'une armée. Entendez de loin croître le tremblement du sol. Voyez combien d'épées tirées ! Hommes et chevaux arrivent tout en nage. Et soudain le chien aux hurlements plaintifs partit hurlant au fond de Bethléem... Son cri gelait les moelles !

II

LOU CHAPLE

A M. MOQUIN-TANDON

MEMBRE DE L'ESTITUT

Pestelas, coutas vòsti porto,
Car li bóumian que soun pèr orto,
Sabès pas, maire, mounte van ?
Escoundès, levas de davan
E li bressolo e lis enfant ;
Empourtas-lèi liuen d'aquest rode !...
Soun li bourrèu manda pèr noste rèi Erode !
Ni lagremo, ni crid li faran requiela.
Escoundès lis enfant de la,
Maire ! li van escoutela !

O maire ! dedins li carriero,
Pèr fugi siegués pas tardiero ;

II

LE MASSACRE

A M. MOQUIN-TANDON

MEMBRE DE L'INSTITUT

Fermez à clef, accotez vos portes, car les brigands qui courent la campagne, vous ignorez, mères, où ils vont ? Cachez, ôtez de devant eux, et les berceaux et les enfants, emportez-les loin de ce lieu !... Ce sont les bourreaux envoyés par notre roi Hérode ! Ni larmes, ni cris ne les feront reculer.

Cachez les enfants de lait, mères, ils vont les égorger !

O mères, dans les rues, pour fuir, ne soyez pas lentes ;

Encourrès-vous, sèns defali,
Que Betelèn vai s'avali !
Sus voste cor atremouli,
Sarras voste enfant que soumiho ;
Estoufas, de la man, si crid, se vous rouviho !
Lou grand chaple acoumenço... Entendès pas gula ?
— Mounte soun lis enfant de la,
Que li voulèn escoutela ?

Esclapen li porto barrado !
Un pau d'ajudo, cambarado !
Dins la porto d'aquest oustau
Jouguen, jouguen de la destrau !
— I'a pas res ! dessus lou lindau
Diguè 'no femo touto blavo.
Mai la chourmo adeja dins l'oustau escalavo :
— Dins li membre d'en aut avèn ausi quila !...
Lou voulèn, toun enfant de la !
Lou voulèn pèr l'escoutela ! —

Oh ! quénti cop ! quento batèsto !
Soun pas proun fort ; la maire èi lèsto,
A pres l'enfant ; mai lou bourrèu
Que tèn la maire pèr li péu,
Pico l'enfant qu'à soun mamèu
Tiravo encaro uno goulado !
Bon Diéu ! que soun espaso èro ben amoulado !...
E l'enfant, en dous tros, barrulo apereila !
— Mounte n'i 'a mai d'enfant de la,
Que lis anen escoutela ? —

courez, fuyez sans défaillir : Bethléem va s'anéantir ! Sur votre cœur tremblant, serrez votre enfant qui sommeille ; étouffez avec la main ses cris, s'il vient à geindre ! Le grand massacre commence... N'entendez-vous pas hurler ?

— Où sont-ils, les enfants de lait ? Car nous voulons les égorger !

Brisons les portes barrées ! Un peu d'aide, camarades ! Dans la porte de cette maison, jouons, jouons de la hache !
— Il n'y a personne ! dit, sur le seuil, une femme toute blême. Mais la horde déjà montait dans la maison : — Dans les chambres d'en haut, nous avons ouï crier !...

Nous le voulons, ton enfant de lait ! nous le voulons pour l'égorger ! —

Oh ! quels coups ! quel combat ! Ils ne sont pas assez forts ; la mère est preste, elle a pris l'enfant ; mais le bourreau, qui tient la mère par les cheveux, frappe l'enfant, qui à la mamelle tirait encore une gorgée. Bon Dieu ! que son épée était bien aiguisée !... Et l'enfant roule, en deux tronçons, là-bas !

— Où y en a-t-il encore des enfants de lait, que nous allions les égorger ! —

E, ce que sèmblo pas de crèire !
Erode, à la niue, venguè vèire
S'avien sagata tout lou vòu.
Betelèn, tout mut, fasié pòu !
Tèms-en-tèms, soun pèd, pèr lou sòu,
S'embrouncavo i cambo d'un drole.
Erode, en caminant, disié 'nsin : — Qu'acò 's drole,
De n'entèndre, esto niue, res boufa, res parla !...
Mounte soun, lis enfant de la ?
Lis an tóutis escoutela ! —

O Rèi ! sies mèstre en aquesto ouro !
Que te fai Betelèn que plouro,
Que te fai d'èstre ensaunousi ?
Digo à ti bourrèu gramaci !
Dins toun palais, à toun lesi,
Vai faire un som dessus l'ermino.
Un jour, qu'es pas bèn liuen, manja pèr la vermino,
De toun sèti tant aut te veiren davala...
Soun pas tóutis escoutela,
Erode, lis enfant de la !

Et, chose incroyable! Hérode, à la nuit, vint voir si l'on avait égorgé tout l'essaim. Bethléem muet faisait peur! De temps à autre, son pied, par le sol, se heurtait aux jambes d'un gars. Hérode, en marchant, disait ainsi :
— Est-ce drôle de n'entendre, cette nuit, ni souffle, ni parole !...
Où sont-ils, les enfants de lait? On les a égorgés tous ! —

O Roi! à cette heure, tu es maître! Que t'importe Bethléem qui pleure? Que t'importe d'être couvert de sang? Dis à tes bourreaux : Grand merci! Dans ton palais, à ton loisir, va faire un somme sur l'hermine. Un jour, qui n'est pas bien loin, mangé par les vers, de ton siége si haut nous te verrons descendre...
Ils ne sont pas tous égorgés, Hérode, les enfants de lait!

III

LI PLAGNUN

A VITOR DURET

Sian maire, pourren plus jamai nous assoula :
 An chapla
 Nòsti bèus enfant de la !
 Ai !

— L'enfant qu'amave tant, l'enfant qu'ai fa teta,
 Qu'ai muda,
 Dins mi bras l'an sagata !
 Ai !

III

LES LAMENTATIONS

A VICTOR DURET

Nous sommes mères, nous ne pourrons jamais nous consoler. Ils ont massacré nos beaux enfants de lait ! — Aïe !

— L'enfant que j'aimais tant, l'enfant que j'ai allaité, que j'ai emmaillotté, dans mes bras ils l'ont égorgé ! — Aïe !

— Lou miéu, emai tetèsse, èro adeja grandet,
E si det
S'arrapèron au tetet.
Ai !

D'esfrai l'enfant quilavo, e, d'un cop de coutèu,
Lou bourrèu
Lou derrabè dóu mamèu !
Ai !

— Lou miéu avié trauca li dos dènt de davan...
Paure enfant !
Siéu cuberto de soun sang !
Ai !

— Èro moun bèu proumié. Vouguère proun lucha...
L'an chaucha,
Sout li pèd l'an escracha !
Ai !

— Siéu véuso, e pèr soulas n'aviéu qu'un dins l'oustau,
Tout malaut :
I' an douna lou cop mourtau !
Ai !

— N'aviéu dous : èron bèu, mis enfant, èron blound...
Mounte soun,
Mi pàuri pichot bessoun ?
Ai !

— Le mien, quoique non sevré, était déjà grand; ses doigts se cramponnèrent à mon sein. — Aïe !

L'enfant criait d'effroi, et, d'un coup de couteau, le bourreau l'arracha de la mamelle ! — Aïe !

— Du mien avaient percé les deux premières dents... Pauvre enfant ! je suis couverte de son sang ! — Aïe !

— C'était mon beau premier-né. Je luttai vainement... Ils l'ont foulé, sous leurs pieds ils l'ont écrasé ! — Aïe !

— Je suis veuve, et, pour consolation, je n'en avais qu'un dans la maison, tout malade : ils lui ont donné le coup mortel ! — Aïe !

— J'en avais deux : ils étaient beaux, mes enfants, ils étaient blonds... Où sont-ils, mes pauvres petits jumeaux? — Aïe !

— N'en couneissèn plus ges, tant lis an trafiga !
Fau cerca
Sèns pousqué li destousca.
Ai !

E courre de pertout, noun sabe ce que fau
E m' envau
Espinchant d'amount, d'avau !
Ai !

— Sènso te vèire, enfant, vole pas m'entourna...
Mounte ana ?
Iéu pode plus camina !
Ai !

E pamens vourriéu bèn encaro t'embrassa,
E bressa
Ti membrihoun estrassa !
Ai !

— As rèn vist mis enfant ? — Ai pas mai vist li tiéu
Que li miéu :
Li maire n'an plus de fiéu !
Ai !

— Sian maire, e jamai plus nous pourren assoula :
An chapla
Nòstis bèus enfant de la !
Ai !

— Nous ne les reconnaissons plus, tellement on les a transpercés ! Il faut chercher sans pouvoir les découvrir. — Aïe !

Et je cours de partout, je ne sais plus ce que je fais, et je m'en vais, regardant du nord, du midi ! — Aïe !

— Sans te voir, enfant, je ne veux pas m'en retourner... Où aller ? Moi, je ne puis plus marcher ! — Aïe !

Et pourtant, je voudrais bien encore t'embrasser, et bercer tes petits membres déchirés ! — Aïe !

— As-tu vu mes enfants ? — Je n'ai vu ni les tiens ni les miens : les mères n'ont plus de fils ! — Aïe !

— Nous sommes mères, et jamais nous ne pourrons nous consoler : ils ont massacré nos beaux enfants de lait ! — Aïe !

AU FELIBRE JAN BRUNET

Ome, tu qu'as ploura coume plouron li femo,
Tu, Brunet, coume iéu, d'abord qu'as vist mouri,
Ah ! toco-me la man, mesclen nòsti lagremo.
Mai-que-mai, tóuti dous, poudèn se dire ami,
Aro que, tóuti dous, avèn dessouto terro,
La car de nosto car, eilà, que nous espèro.

AU POÈTE JEAN BRUNET

Homme, toi qui as pleuré comme pleurent les femmes, toi, Brunet, comme moi, puisque tu as vu mourir, ah! touche-moi la main, mêlons nos larmes. Plus que jamais, tous deux, nous pouvons nous dire amis, maintenant que tous deux avons sous terre, la chair de notre chair, là-bas qui nous attend.

Aro que, tóuti dous, quand rintran dins l'oustau,
Trouvan quaucun de manco, e voulèn pas ie crèire;
Cercan de membre en membre, e d'en bas, e d'en aut;
Sèmblo en tóuti li pas, sèmblo qu'anan li vèire;
E cercan de pertout sènso li rescountra ;
E pièi, las de cerca, fenissèn pèr ploura.

Mai, de-bado plouran : mancon à la taulado,
E quand vèn pèr manja, tóuti n'avèn plus fam ;
De-vèspre, après soupa, mancon à la vihado ;
Plus res babiho plus, sian mut en nous caufant.
Nous anan coucha d'ouro, e li niue dourmèn gaire :
Tu veses toun pichot, e iéu vese moun paire.

Paure enfant ! tout-bèu-just sabié dire : — Mama ! —
Quand de soun pichot brès, en risènt, s'aubouravo
Vers ta femo, Brunet, e que voulié teta ;
E, pèr teta 'nca pau, de-fes-que-i'a, plouravo,
E voulié pas dourmi : l'aviés lèu assoula,
O maire, em' un poutoun, em' un degout de la !

De sa bouco, au tetet, l'enfant se pendoulavo ;
E, souto toun fichu, pièi quand vouliés jouga,
Toun tetet, l'escoundiés, e l'enfant t'escalavo,
Emé si pichot det venié lou descata !
E, trefoulido, alor, dins ti gràndi brassado
Lou sarraves, o maire, uno longo passado !

Maintenant que, tous deux, en rentrant à la maison, nous trouvons quelqu'un qui manque, et ne voulons pas y croire; nous cherchons de chambre en chambre, et en bas, et en haut; il semble, à tous les pas, il semble que nous allons les voir; et nous cherchons de partout sans les rencontrer; et puis, las de chercher, nous finissons par pleurer.

Mais en vain pleurons-nous : ils manquent à la table, et quand vient pour manger, tous, nous n'avons plus faim; le soir, après souper, ils manquent à la veillée; plus de joyeux babil, nous nous chauffons en silence. Nous allons nous coucher de bonne heure, et, les nuits, nous ne dormons guère: toi, tu vois ton petit, et moi je vois mon père.

Pauvre enfant ! A peine savait-il dire : — Maman ! — Quand, de son petit berceau, il se soulevait, en riant, vers ta femme, Brunet, et qu'il voulait teter ; et, pour teter encore un peu, quelquefois il pleurait et ne voulait pas dormir : bien vite, ô mère, tu le calmais avec un baiser, avec une goutte de lait !

Par ses lèvres, l'enfant se suspendait à la mamelle; et, sous ton fichu, lorsque ensuite tu voulais jouer, tu cachais ton sein, et l'enfant t'escaladait, avec ses petits doigts il venait le découvrir ! Et dans tes grands embrassements, alors, folle de joie, tu le serrais, ô mère, de longs moments !

Paure vièi ! rede e blanc, l'ai vist dins si lançòu,
Counjala pèr la mort, l'ai vist moun paure paire :
Èro tranquile e bèu, e iéu i'ai sauta au còu ;
Tóuti, à soun entour, tóuti disien : — Pecaire ! —
Paure vièi tant ama ! paure enfant tant urous !...
Plouren, que fai de bèn, ah ! plouren tóuti dous !

De iéu, de tu, Brunet, de vous peréu, madamo,
Siéu pièi lou mai de plagne... ah ! digués pas de noun !
Sias jouine, mis ami, e lou bon Diéu vous amo ;
Bessai dins quàuqui mes aurés un enfantoun :
Diéu pòu rendre, quand vòu, un enfant à sa maire,
Mai iéu, o mis ami, quau me rendra moun paire ?

Pauvre vieillard! blanc et roidi, je l'ai vu dans son linceul; tout glacé par la mort, je l'ai vu, mon pauvre père : il était tranquille et beau, et je lui ai sauté au cou ; tous l'entouraient disant : — Hélas ! — Pauvre vieillard si aimé ! Pauvre enfant si heureux !... Pleurons, car cela fait du bien, ah ! tous les deux, pleurons !

De moi, de toi, Brunet, de vous aussi, madame, je suis, certes, le plus à plaindre... ah! ne dites pas non ! Vous êtes jeunes, mes amis, et le bon Dieu vous aime ; dans quelques mois, peut-être, vous aurez un petit enfant. Dieu peut rendre, quand il veut, un enfant à sa mère, mais moi, ô mes amis, qui me rendra mon père ?

NOSTRO-DAMO D'AFRICO

A MOUNSEGNE PAVY, EVESQUE D'ALGER

     I'a proun tèms que lou sang t'arroso,
Vièio Africo, e lou sang fegoundo, à tèms o tard ! —
    Sang di martire e di sóudard,
     O roso roujo, o bello roso,
     Sies espandido sus l'autar.

     Roso d'Africo, Nostro-Damo,
     Pieta, pieta de nòstis amo !
Nosto terro èi cremado, o roso ! mando-nous,
       Coume uno douço plucio,
       L'eigagno de ti fueio,
       Lou prefum de ta flous.

NOTRE-DAME D'AFRIQUE

A MONSEIGNEUR PAVY, ÉVÊQUE D'ALGER

Depuis assez longtemps le sang t'arrose, vieille Afrique, et le sang féconde, tôt ou tard ! — Sang des martyrs et des soldats, ô rose rouge, ô belle rose, tu es épanouie sur l'autel.

Rose d'Afrique, Notre-Dame, pitié pour nos âmes, pitié ! Notre terre est brûlée, ô rose ! envoie-nous, comme une douce pluie, la rosée de tes feuilles, le parfum de la fleur.

Te bastisson uno capello.
La bastisson amount, pèr que fugue un signau
A l'Aràbi qu'es à chivau,
Au marin que la mar bacello,
E que de liuen ie fague gau.

Roso d'Africo, Nostro-Damo,
Pieta, pieta de nòstis amo !
Nosto terro èi cremado, o roso ! mando-nous,
Coume uno douço plueio,
L'eigagno de ti fueio,
Lou prefum de ta flous.

Au souleias que vous esbriho,
Vàutri qu'anas trimant à travès li sablas,
Caravanié, quand sarés las,
Venès au rousié de Mario
Cerca l'oumbrun e lou soulas.

Roso d'Africo, Nostro-Damo,
Pieta, pieta de nòstis amo !
Nosto terro èi cremado, o roso ! mando-nous,
Coume uno douço plueio,
L'eigagno de ti fueio,
Lou prefum de ta flous.

Emé de pèiro, emé de maubre,
Aubouren la capello, aubouren-la bèn aut !
Que de tóuti fugue l'oustau !...
Quand lou rousié sara 'n grand aubre,
L'assoustara de si rampau.

On te bâtit une chapelle. On la bâtit sur la montagne, pour qu'elle soit un signal à l'Arabe qui chevauche, au marin battu par la mer, et que de loin elle leur porte joie.

Rose d'Afrique, Notre-Dame, pitié pour nos âmes, pitié! Notre terre est brûlée, ô rose! envoie-nous, comme une douce pluie, la rosée de tes feuilles, le parfum de ta fleur.

Sous l'ardent soleil qui vous éblouit, vous qui allez, en grande hâte, à travers les sables, voyageurs des caravanes, quand vous serez las, venez au rosier de Marie chercher l'ombre et le délassement.

Rose d'Afrique, Notre-Dame, pitié pour nos âmes, pitié! Notre terre est brûlée, ô rose! envoie-nous, comme une douce pluie, la rosée de tes feuilles, le parfum de ta fleur.

Avec de la pierre, avec du marbre, élevons la chapelle, élevons-la bien haut! Qu'elle soit la maison de tous!... Quand le rosier sera un grand arbre, il l'abritera de ses palmes.

Roso d'Africo, Nostro-Damo,
Pieta, pieta de nòstis amo !
Nosto terro èi cremado, o roso ! mando-nous,
Coume uno douço plueio,
L'eigagno de ti fueio,
Lou prefum de ta flous.

Vierge, ai paga ma redevènço :
Mis amour an brula dins toun encensié d'or...
Vierge, refresco-me lou cor !
E 'ntre l'Africo e la Prouvènço,
Que touto velo ane à bon port !

Roso d'Africo, Nostro-Damo,
Pieta, pieta de nòstis amo !
Nosto terro ei cremado, o roso ! mando-nous,
Coume uno douço plueio,
L'eigagno de ti fueio,
Lou prefum de ta flous.

———

A ti pèd mete aqueste libre :
O Tu que sies la vido, e l'espèro, e l'amour,
Enfestoulis, celèsto flour,
L'obro proumiero dóu felibre,
Obro de jouinesso e d'ounour.

Rose d'Afrique, Notre-Dame, pitié pour nos âmes, pitié ! Notre terre est brûlée, ô rose ! envoie-nous, comme une douce pluie, la rosée de tes feuilles, le parfum de ta fleur.

Vierge, j'ai payé ma redevance : mes amours ont brûlé dans ton encensoir d'or... Vierge, rafraîchis-moi le cœur ! et, entre l'Afrique et la Provence, que toute voile aille à bon port !

Rose d'Afrique, Notre-Dame, pitié pour nos âmes, pitié ! Notre terre est brûlée, ô rose ! envoie-nous, comme une douce pluie, la rosée de tes feuilles, le parfum de ta fleur.

Je mets ce livre à tes pieds : ô Toi qui es la vie, et l'espérance, et l'amour, *enfestoie*, fleur céleste, l'œuvre première du poète, œuvre de jeunesse et d'honneur.

NOTE

SUR LA PRONONCIATION PROVENÇALE

Afin d'aider le lecteur étranger à la langue provençale à lire le texte, nous allons dire ici brièvement en quoi la prononciation provençale diffère de la prononciation française.

En Provençal, on prononce toutes les lettres, et, sauf les exceptions suivantes, on les prononce comme en Français.

Le *g* devant un *e* ou un *i*, et le *j*, se prononcent *dz*. Ainsi *gemi*, *gibous*, *image*, *jalous*, doivent se prononcer *dzemi*, *dzibous*, *imadze*, *dzalous*.

Ch se prononce *ts*, comme dans le mot espagnol *muchacho*. Ainsi *charra*, *machoto*, *chima*, se prononcent *tsarra*, *matsoto*, *tsima*.

Passons aux voyelles.

A, désinence caractéristique du féminin dans l'ancienne langue romane, est, dans cet emploi, remplacé aujourd'hui par *o*.

L'*o* final représente donc en Provençal l'*e* muet des Français, l'*a* final des Italiens et des Espagnols.

E sans accent, ou surmonté d'un accent aigu, se prononce comme l'*e* fermé français : ainsi les *e* de *teté*, de *devé*, sonnent, à peu de chose près, comme ceux de *été*, *vérité*.

È surmonté de l'accent grave, comme dans *nè*, *venguè*, se prononce ouvert.

L'*e* ou l'*i*, quoique suivis de consonnes, comme dans *sacramen*, *vin*, *emperaire*, conservent toujours leur son alphabétique.

Voici maintenant les règles de l'accent tonique :

1º Dans les mots terminés simplement par *e* ou par *o*, l'accent tonique porte sur la pénultième : ainsi *ferramento*, *capello*, *fèbre*, se prononcent exactement comme les mots italiens *ferramento*, *capello*, *febbre*.

2º Lorsqu'il se trouve, dans le corps des mots, une syllabe accentuée, il porte généralement sur cette syllabe ; exemple : *tóuti*, *armàri*, *cachafió*, *argènt*, *avé*.

3º Il porte sur la dernière syllabe dans tous les mots terminés par un *a*, un *i*, un *u*, ou une consonne ; exemple : *verita*, *peri*, *vengu*, *pichot*, *resoun*.

Cette dernière règle a une exception : dans les personnes des verbes terminées par *es* ou par *on*, comme *anaves* (tu allais), *que digues* (que tu dises), *courron* (ils courent), *sabon* (ils savent), l'accent tonique porte sur la pénultième.

Il existe en Provençal des diphthongues et des triphthongues, mais les voyelles y conservent toujours leur valeur propre. Dans les diphthongues, la voix doit dominer sur la première voyelle, comme en Italien ; ainsi : *mai*, *rèi*, *galoi*, doivent se prononcer *màï*, *rèï*, *galòï*. Dans les triphthongues, comme *biai*, *pièi*, *vuei*, *niue*, la voix doit dominer sur la voyelle intermédiaire, tout en faisant sentir les autres.

La voyelle *u* se prononce comme en Français, excepté lorsqu'elle suit immédiatement une autre voyelle ; dans ce dernier cas, elle prend le son *ou*. Ainsi, dans les diphthongues *au*, *èu*, *òu*, et dans les triphthongues *iau*, *ièu*, *iòu*, prononcez *àou*, *èou*, *òou*, *iàou*, *ièou*, *iòou*.

Cette règle a été constamment suivie par les Troubadours classiques.

On vient de voir que les sons *èu*, *òu*, *iéu*, *iòu*, sont accentués : c'est afin de les distinguer des sons *eu* et *ou*, qui existent aussi dans la langue d'Oc (comme dans *Enfant-Jeuse*, enfant Jésus, *tout*, *urous*, *mounde*, etc.); c'est encore pour montrer que le son doit être plus ou moins ouvert ou fermé, selon que l'accent est grave ou aigu.

(MISTRAL. — *Mirèio*.)

ENSIGNADOU

ENSIGNADOU

Avans-prepaus de F. Mistral. . . . . vj

I

LOU LIBRE DE L'AMOUR

I.	Ai lou cor bèn malaut.	4
II.	Alor, n'avès garda memòri.	6
III.	Ah! se moun cor avié d'alo.	12
IV.	En tóuti sabès dire.	16
V.	Coume un enfant, urouso e lèsto.	20
VI.	Ah! ta maneto caudo e bruno.	24
VII.	Nous veiren plus.	28
VIII.	Vous tant urouso à voste oustau.	30
IX.	Ai escala sus la cimo di moure.	34
X.	Dempièi que sias tant liuen.	38
XI.	De-la-man-d'eilà de la mar.	48
XII.	Ah! vaqui pamens la chambreto.	54
XIII.	Desempièi qu'es partido.	62
XIV.	En pensamen de ma bruneto.	68
XV.	Dins li pradoun, i'a de vióuleto.	72
XVI.	Ah! ma plago es grando.	78

INDEX

Avant-propos par F. Mistral. . . . . vij

I

LE LIVRE DE L'AMOUR

I.	J'ai le cœur bien malade.	5
II.	Vous avez donc gardé souvenance.	7
III.	Ah ! si mon cœur avait des ailes.	13
IV.	A tous vous savez dire.	17
V.	Comme une enfant, heureuse et légère. . .	21
VI.	Ah ! ta petite main chaude et brune.	25
VII.	Nous ne nous verrons plus.	29
VIII.	Vous si heureuse dans votre maison.	31
IX.	Je suis monté sur la cime des mornes. . . .	35
X.	Depuis que vous êtes si loin.	39
XI.	Au pays d'outre-mer.	49
XII.	Ah ! voilà pourtant la chambrette.	55
XIII.	Depuis qu'elle est partie.	63
XIV.	En souci de ma brunette.	69
XV.	Dans les préaux, il y a des violettes. . . .	73
XVI.	Ah ! ma plaie est grande.	79

XVII.	N'èro pas uno rèino...............	82
XVIII.	O chambreto, chambreto............	88
XIX.	Vole pas treboula ta vido..........	90
XX.	La femo se giblo e s'aubouro........	104
XXI.	O venerablo Roumo, emé ti palais rous. .	110
XXII.	De-que vos, moun cor.............	114
XXIII.	Dins lis uba de Luro..............	122
XXIV.	I'a longtèms que moun cor acampo.....	126
XXV.	Ah! dis amour d'aqueste mounde......	128

II

L'ENTRELUSIDO

A WILLIAM C. B. WYSE...............	140
LA BESSOUNADO.....................	142
RÉPONSE DE MM. JEAN REBOUL ET JULES CANONGE......	152
LOU MES DE MAI.....................	154
A MADAMO ***.....................	162
LI TIRARELLO DE SEDO................	168
LA NEISSÈNÇO.....................	174
LI SEGAIRE.......................	180
LI PIBOULO.......................	190
LIS ESCLAU.......................	200
CANSOUN DE NOÇO...................	208
A MADAMISELLO C. L.................	222

XVII.	Ce n'était pas une reine...	83
XVIII.	O chambrette, chambrette...	89
XIX.	Je ne veux pas troubler ta vie...	91
XX.	La femme se courbe et se dresse...	105
XXI.	O vénérable Rome, avec tes palais roux..	111
XXII.	Que veux-tu, mon cœur...	115
XXIII.	Dans le septentrion de Lure...	123
XXIV.	Voilà longtemps que mon cœur accumule..	127
XXV.	Ah ! des amours de ce monde...	129

II

L'ENTRE-LUEUR

À WILLIAM C. B. WYSE...	141
LES JUMEAUX...	143
RÉPONSE DE MM. JEAN REBOUL ET JULES CANONGE..	152
LE MOIS DE MAI...	155
À MADAME ***...	163
LES TIREUSES DE SOIE...	169
LA NAISSANCE...	175
LES FAUCHEURS...	181
LES PEUPLIERS...	191
LES ESCLAVES...	201
CHANSON DE NOCE...	209
À MADEMOISELLE C. L...	223

III

LOU LIBRE DE LA MORT

Pèr toussant．	234
La fam．	242
Lou lume．	248
Lou tregen．	256
Li belloio de la morto．	262
Lou 9 termidor．	266
La blodo negro．	272
La piéucello．	278
Lis innoucènt : — I lou chin de sant jousè．	282
II lou chaple．	288
III li plagnun．	294
Au felibre jan brunet．	300
Nostro-damo d'africo．	306

FIN

III

LE LIVRE DE LA MORT

À LA TOUSSAINT.	235
LA FAIM.	243
LA LAMPE.	249
LE TREIZAIN.	257
LES ATOURS DE LA MORTE.	263
LE NEUF THERMIDOR.	267
LA BLOUSE NOIRE.	273
PUELLA.	279
LES INNOCENTS : — I LE CHIEN DE SAINT JOSEPH.	283
II LE MASSACRE.	289
III LES LAMENTATIONS.	295
AU FELIBRE JEAN BRUNET.	301
NOTRE-DAME D'AFRIQUE.	307
NOTE SUR LA PRONONCIATION PROVENÇALE.	313

FIN

AVIGNON. — IMPRIMERIE AUBANEL FRÈRES.

www.ingramcontent.com/pod-product-compliance
Lightning Source LLC
Chambersburg PA
CBHW070853170426
43202CB00012B/2048